Michael Schmidt

—

Praktische Ethik im Gesundheitswesen IV

Michael Schmidt ist Arzt und hat an einem Universitätsklinikum den Schwerpunkt Lungenheilkunde geleitet. Er hat viele Patienten mit Lungenkrebs und deren Angehörige begleitet. Er war ärztlicher Leiter einer Krankenpflegeschule und hat das Klinische Ethikkomitee des Klinikums geleitet. Er ist Referent für medizinethische Themen an einer Palliativ-Akademie.

Michael Schmidt

Praktische Ethik im Gesundheitswesen IV

Kasuistiken

Königshausen & Neumann

Bibliografische Information der Deutschen Nationalbibliothek

Die Deutsche Nationalbibliothek verzeichnet diese Publikation in der Deutschen Nationalbibliografie; detaillierte bibliografische Daten sind im Internet über http://dnb.d-nb.de abrufbar.

Gedruckt auf säurefreiem, alterungsbeständigem Papier
Umschlag: skh-softics / coverart
Umschlagabbildung: Mosaik aus dem Kreuzgang von San Paolo fuori la Mura, Rom.
© M. Schmidt

Printed in Germany

ISBN 978-3-8260-8827-8
eISBN 978-3-8260-8828-5

www.koenigshausen-neumann.de
www.ebook.de
www.buchhandel.de
www.buchkatalog.de

Dieses Buch ist allen Ethikberatern gewidmet,
von denen ich lernen durfte.

Inhaltsverzeichnis

EINLEITUNG

Blickrichtung

Während meiner klinischen Tätigkeit als Internist war ich auf der Lungenstation, der pneumologischen Ambulanz, als Konsiliarius und als Klinischer Ethikberater meist mit Fragen zum letzten Lebensabschnitt befasst. Während wir Internisten gute kurative Behandlungserfolge bei akut Erkrankten erzielen, sieht unsere Bilanz bei den chronischen Leiden nicht sehr befriedigend aus. Und in den letzten Lebensjahren häufen sich diese unheilbaren Leiden. Damit taucht eine andere Thematik auf: Tun wir genug oder zu viel am Lebensende? Wenn sich der Patient mit dem zu Ende gehenden Leben nicht abfinden kann, wird er (oder seine Verwandtschaft) darauf dringen, dass »alles gemacht wird.« Es gibt auch Ärzte, die dabei nicht zusehen können und mehr oder weniger nutzlose »kurative« Therapien ansetzen, *ut aliquid fiat* (damit irgendwas geschieht). Diese Patienten sind vulnerabel, sie greifen nach dem »letzten Strohhalm« und sind zu allen Maßnahmen allzu leicht zu überreden. So entstand meine Perspektive: Hilft es den Patienten in ihrer Situation der letzten Lebensjahre wirklich, »alles« zu tun? Bei den Ethikberatungen ist festzustellen, dass diese Frage nicht nur mich umtreibt. Sie ist auch zentrales Thema in der Weiterbildung zum Palliativ-Arzt und zur Palliativ-Pflegekraft.

Ethikberatung

In fast allen deutschen Krankenhäusern gibt es inzwischen klinische Ethikkomitees. Sie sind verschieden zusammengesetzt und arbeiten sehr unterschiedlich. Es gibt Komitees, die ihre Aufgabe in der Beratung von Patienten und Angehörigen sehen. Andere beraten nur die Behandlungs-Teams. Manche Komitees besprechen retrospektiv (vergangene) konfliktreiche Fälle, um für die Zukunft zu lernen. Wohl die meisten Komitees bearbeiten moralische Konflikte bei der Arbeit am aktuellen Patienten. Einige Komitees beurteilen nachträglich die medizinischen Vorgänge und geben Voten ab. Andere Komitees begleiten Behandlungs-Teams in der Entscheidungsfindung und beraten dabei. Man kann nicht sagen, welche Arbeitsweise die bessere wäre; dies hängt sehr von den örtlichen Gegebenheiten und beteiligten Personen ab.

In den letzten Jahren hat sich eine außerklinische (auch ambulante oder mobile) Ethikberatung[1] etabliert. Es gibt inzwischen deutschlandweit Beratungs-Teams für moralische Konflikte in Alten-, Pflege- und Behindertenheimen. Auch diese Berater arbeiten unterschiedlich, die meisten helfen bei aktuellen Entscheidungsfindungen sowohl der Mitarbeiter als auch der Angehörigen. Dabei gibt es weniger akuten Beratungsbedarf, es geht oft um vorsorgliche Festlegung zukünftiger Entscheidungen bei z.B. lebensbedrohlicher Erkrankung. Wir finden also ein sehr buntes Bild der Ethikarbeit, die sich offensichtlich an die jeweiligen Erfordernisse der Institutionen anpasst.

---

[1] Die Akademie für Ethik in der Medizin (Göttingen) führt eine aktuelle Liste der außerklinischen Beratungs-Aktivitäten: www.aem-online.de/index.php?id=157 {Zugriff Juli 2023}

Moralischer Stress

Das Klinische Ethikkomitee unseres Klinikums hatte die Aufgabe, den moralischen Stress *(moral distress)* in den Behandlungs-Teams zu reduzieren. Moralischer Stress entsteht, wenn jemand Entscheidungen mittragen muss, die gegen seine innere Haltung und Überzeugung stehen. Je länger diese moralisch spannungsreiche Situation anhält, desto größer wird sein Stress. Moralischer Stress ist eine wichtige Ursache für Unzufriedenheit mit der Arbeit, dem Arbeitsplatz und den Vorgesetzten. Wenn es glückt, diesen Stress zu vermindern oder aufzulösen, arbeiten die Teams konfliktärmer, zufriedener und auch effektiver; das kommt den Patienten oder Klienten zugute. Außerdem nimmt die Bindung an den Arbeitsplatz zu, es gibt weniger Personalwechsel, die Kompetenz bleibt vor Ort und die multiprofessionelle Zusammenarbeit wird besser.

In unserem Klinikum mit 19 Kliniken, vielen Ambulanzen und über 1400 Betten gibt es etwa 7500 Angestellte mit je eigener moralischer Haltung und Überzeugung. Jeder hat sein eigenes Gewissen und das ist auch gut so: Wir wollen doch keine gewissenlosen Mitarbeiter. Da wird es bei der Zusammenarbeit immer kleinere oder größere moralische Konflikte geben. So ist die Lage, wir sollten sie nicht ignorieren sondern damit umgehen.

Konflikte

Der österreichische Konfliktforscher Friedrich Glasl hat die Entstehung von einer Meinungsverschiedenheit bis hin zum Krieg mehrfach beschrieben.[2] Die ersten drei Stufen der Konflikteskalation sind:

(1) Die Verhärtung der Meinungen; man sieht sich im Recht. Das erschwert oft schon sachliche Gespräche, weil man doch »die Wahrheit« hat.

(2) Die Polarisation in den Debatten; man sucht sich Gleichgesinnte, um über Mehrheiten seine »Wahrheit« durchzusetzen.

(3) Das Schaffen möglichst irreversibler Fakten; man spricht sich nicht mehr im Team ab, sondern handelt. Das zwingt die Gegenseite mitzumachen.

Die Wahrheit als etwas Absolutes, Hundertprozentiges muss immer geglaubt werden und ist damit subjektiv. Thomas von Aquin erkennt das, wenn er sagt, Wahrheit ist die Übereinstimmung von Sachverhalt und Vernunft (adaequatio rei et intellectus): Vernunft ist immer subjektiv. Aber für unsere medizinethischen Zwecke brauchen wir gar keine absolute Wahrheit. Um im Sinn des Patientenwohls gemeinsam zu arbeiten, reicht es völlig aus, zwischen den Mitarbeitern zu einer gemeinsamen Überzeugung zu kommen, an diesem speziellen Patienten moralisch vertretbar zu handeln. Dazu genügt die sogenannte interpersonelle Wahrheit: Wir einigen uns auf eine moralische Basis. Lang zusammenarbeitende Teams haben solche interpersonellen Wahrheiten und dadurch wenig moralischen Stress.

Man muss davon ausgehen, dass bei weiterem Fortschreiten der Konfrontationen unsere Patienten gefährdet werden. Klinische (und außerklinische) Ethikberatung kann

---

[2] Viele Veröffentlichungen zum Thema, z.B. Friedrich Glasl: Eskalationsdynamik. Konfliktdynamik 2014, 3, 190–199.

etwa bis zur Stufe 3 hilfreich wirken, weil alle Parteien noch einen Gewinn davon haben könnten. Die weitere Eskalationsspirale[3] liegt jenseits der Eingriffsmöglichkeiten eines Ethikberaters. Dann sind eher Personalgespräche, Supervisionen oder die Auflösung des patientengefährdenden Teams angezeigt. Führungskräfte sollten sensibel für die Konflikt-Anfangsstufen 1–3 werden und besser früher als später eingreifen oder Hilfe suchen. Der Umgang mit Konflikten gehört zur Führungskompetenz; moralischer Stress ist ernst zu nehmen.

Ethikberater werden immer in Konfliktsituationen angefordert, denn wenn es keinen moralischen Stress gibt, besteht ja kein Anlass für eine Beratung. Moralische Konflikte sind mehr oder weniger emotionsgeladen. Die meisten von uns fühlen sich als Person angegriffen, wenn jemand Kritik an unserer Haltung oder Einstellung, an unserer persönlichen Moral übt. Der Ethikberater muss eine Gesprächsatmosphäre herstellen und aufrecht halten, die eine sachliche Diskussion der Thematik erlaubt – und das ist nicht immer ganz einfach. Dazu kann ihm eine Gesprächs- oder Moderations-Schulung sehr helfen. Auch das hat Grenzen: Pathologische Narzissten nehmen auch den rationalsten Diskurs als persönliche Attacke.

---

3 Weitere Stufen der Konflikteskalation nach Glasl: (4) Suche nach Koalitionen, (5) Herbeiführen von Gesichtsverlust, (6) Drohstrategien, (7) erste Vernichtungsschläge, (8) Zersplitterung des Teams, (9) gemeinsamer Untergang.

THEORIE

Allgemeines

Nach dem Philosophen Julian Nida-Rümelin [4] versucht man im Berufs- wie im Alltagsleben zunächst vier allgemein gebräuchliche Begründungsweisen für ethische Entscheidungen:

1) Man bezieht sich auf individuelle Rechte, z.B. Menschenrechte, z.B. Patientenrechte. Wer die Patientenautonomie nicht respektiert, wer grundsätzlich besser weiß, was gut für den Patienten ist, wird zum Paternalisten. Harter Paternalismus ist als eine Demütigung und Entmündigung des autonomen Patienten zu werten.

2) Man bezieht sich auf Verpflichtungen, z.B. Verträge, z.B. Versprechen. Ein Behandlungsvertrag ist eine solche Verpflichtung; Verträge sind einzuhalten. Allein schon die sichtbare Anwesenheit eines Arztes gilt dem Patienten als Versprechen auf Besserung, wie der Medizinethiker Giovanni Maio[5] sagt.

3) Normative Erwartungen sind mit einer sozialen Rolle verknüpft. Die Garantenpflicht in medizinischen Notfällen ist eine solche Pflicht.[6] Jeder Mensch hat im Notfall nach besten Kräfte zu helfen.

---

4 Julian Nida-Rümelin: Angewandte Ethik. Stuttgart 1996, p. 2–85.

5 Giovanni Maio: Abschaffung des Schicksals. Stimmen der Zeit 2010, 135, 807–816.

6 www.gesetze-im-internet.de/stgb/__13.html {Zugriff Juli 2023}

4) Man beruft sich auf allgemein anerkannte ethische Prinzipien, z.B. du sollst nicht lügen, z.B. du sollst Schwachen helfen etc.

Für viele moralische Fragen im Leben sind diese allgemeinen Begründungsversuche schon eine Hilfe, weil sie (auch unbewusst) von den meisten Menschen als Werte akzeptiert sind.

Nun müssen wir jedoch in der Medizinethik oft weitreichende Entscheidungen nicht für uns persönlich, sondern für jemand anderen treffen. Auch wegen des Zeitdrucks sind dann Prinzipien hilfreich, an denen man sich orientieren kann. Bei moralischen Konflikten in der Patientenarbeit sollte man sich darüber hinaus nicht nur prinzipielle Gedanken machen, sondern auch Überlegungen zur moralisch-praktischen Umsetzung anstellen. Den prinzipiellen Blick liefern die Medizinethischen Prinzipien von Tom Beauchamp und James Childress.[7] Für die praktische Umsetzung wird die sogenannte Care-Ethik[8] (auch: Ethik der Achtsamkeit) wichtiger.

Medizinethische Prinzipien

Die Autoren Tom L. Beauchamp und James F. Childress weisen selbst darauf hin, dass ihre Prinzipien der biomedizinischen Ethik nicht als Lösung aller ethischen Probleme missverstanden werden dürfen. Sie sind allerdings ein wirksames Werkzeug für die Versachlichung und Strukturierung eines ethischen Diskurses: Wir können unsere Probleme damit ziemlich gut beschreiben. Danach

---

7 Tom Beauchamp, James Childress: Principles of Biomedical Ethics. Oxford University Press 2019.

8 Elisabeth Conradi und Frans Vosman (Hrsg.): Praxis der Achtsamkeit. Campus Verlag Frankfurt a.M. 2016.

erst beginnt die eigentliche Ethikarbeit, das rationale Abwägen guter Gründe. Es müssen immer individuelle Lösungen im Sinne des Patientenwohls gefunden werden. Die vier Prinzipien nach Beauchamp und Childress sind:

1) Respekt vor der Patientenautonomie. Das Prinzip Autonomie wird oft sehr einseitig verstanden und strenggenommen mit Autarkie verwechselt. Autark wäre jemand, der völlig unabhängig von seiner sozialen Umgebung lebt und auch keinerlei Unterstützung erwartet. Er ist unbeschränkt frei – und einsam. Autonom hingegen ist jemand, der seine Interessen selbstständig regelt und zwar in Abstimmung mit seinem sozialen Umfeld. Seine Freiheit wird immer durch die Freiheiten der anderen begrenzt. Ein autonomer Patient ist für sich selbst verantwortlich und er trifft im o.g. Rahmen seine eigenen Entscheidungen. Diese Entscheidungs- und Zustimmungsfähigkeit erfordert drei Kompetenzen[9]:

(a) *Intellektuelle Kompetenz*: Der Patient muss einen medizinischen Sachverhalt verstehen, d.h. sinnvoll in sein Leben einordnen können. Was bedeutet die Erkrankung mit und ohne Behandlung für ihn? Welche Chancen und Risiken hat die Behandlung? Wie ist die Prognose?

(b) *Normative Kompetenz*: Der Patient kann seine Entscheidung für oder gegen die medizinische Handlung mit seinen Werten, Leitbildern oder Ideen abstimmen.

(c) *Kommunikative Kompetenz*: Der Patient kann kommunizieren, d.h. an ihn gerichtete Kommunikation verstehen und selbst seine Entscheidung (gegebenenfalls auch nonverbal) mitteilen.

---

[9] Herrn RA Ulrich Rothenbucher bin ich für diese Zusammenstellung sehr dankbar.

Wenn er dazu nicht fähig ist, muss ihm ein Patientenvertreter zur Seite gestellt werden, z.B. ein amtlicher Betreuer oder ein von ihm selbst Bevollmächtigter (Vorsorgevollmacht). Seit 2023 gibt es das sogenannte Notvertretungsrecht[10] des Ehe- oder Lebenspartners für ein halbes Jahr: Er ist automatisch der Patientenvertreter und hat nicht seinen eigenen, sondern den Willen des Patienten zu vertreten. Ein Patient darf selbstverständlich alles wollen, was ihm als autonomem Bürger zusteht. Dem Patientenwunsch steht jedoch die ärztliche Indikation gegenüber: Nicht-indizierte medizinische Handlungen dürfen wir Ärzte nicht ausführen.

2) Gutes tun und Fürsorge (Care[11]). Gutes tun und Fürsorge sind die Grundlage für unsere Berufswahl. Die Gefahr besteht im Paternalismus. Ärzte, Pflegende oder Therapeuten neigen zum Paternalismus, weil sie zu wissen glauben, was das Beste für ihren Patienten ist. Allerdings wird so der Patient entmündigt und damit gedemütigt, was mit seiner Menschenwürde nicht zu vereinbaren ist. Was für ihn das Beste ist, kann nur der mündige Patient selbst wissen. Da Krankheit für ihn eine ungewohnte, bedrohliche Situation ist, ist es unsere Aufgabe, ihn dabei zu beraten und die notwendigen Informationen zu geben. Es geht also um eine dem Patientenwohl dienliche Balance zwischen Patienten-Autonomie und unserer Fürsorge.

Kranke Menschen sind immer mehr oder weniger autonom, manchmal auch völlig unautonom. Je weniger auto-

---

10 § 1358 BGB.

11 Das englische Wort »Care« hat viele Bedeutungen, u.a. sich kümmern, jemanden pflegen, sich Sorgen machen, achtsam sein, fürsorglich sein.

nom der Patient ist, desto mehr müssen wir uns um ihn kümmern. Dabei verändert *Care* nach Harry Frankfurt[12] auch den sich Kümmernden; es entsteht eine besondere Beziehung. Im Optimalfall wird der Pflegende oder Arzt behutsamer, sorgsamer, engagierter, ohne seine nötige professionelle Distanz zu verlieren.

3) Nicht schaden. Die Nicht-schaden-Regel begleitet uns zumindest schon seit dem sogenannten Hippokratischen Eid.[13] Jede menschliche Handlung hat jedoch erwünschte und unerwünschte Folgen, man nennt das moralische Doppelwirkung.[14] Jeder Arzt muss die Nebenwirkungen seiner Medikamente und Heilmethoden noch besser kennen als die Wirkungen. Dieses Nicht-schaden-Prinzip läuft auf eine Abwägung der wahrscheinlichen Nutzenchancen gegen die bekannten Schadenrisiken hinaus. Der Nutzen darf unendlich sein, der Schaden muss möglichst gering und immer kontrollierbar bleiben. Falls man den Schaden nicht kennt oder nicht abwägen kann, kommt man auf das Feld der experimentellen Medizin.

4) Gerechtigkeit. Fragen der Gerechtigkeit haben stets eine Rolle gespielt, wenn z.B. diskutiert wurde, ob man im Krieg auch Feinde behandeln soll. Heute besteht beispielsweise der begründbare Verdacht, dass Patienten, die mehr bezahlen können auch besser behandelt werden. Die Wartezeit des Privatpatienten auf den nächsten Arzttermin ist in Deutschland deutlich kürzer als die des Kas-

---

12 Harry G. Frankfurt: The importance of what we care about. Cambridge Univsity Press 1988, besonders p. 80–94.

13 https://hippokrates.ch/wichtige-texte/eid-des-hippokrates/ {Zugriff Februar 2024}

14 Raymond G. Frey: The Doctrine of Double Effect (in: Frey & Wellman, Hrsg, A companion to applied ethics), Wiley-Blackwell, Oxford 2003 p. 464–474

senpatienten. Unsere medizinethische Maxime lautet: Alle Menschen haben das Recht auf gleichen Zugang zum Gesundheitswesen und sie werden dort nicht diskriminiert oder gedemütigt. Selbstverständlich werden nicht alle Kranken gleich behandelt, weil jeder Mensch seine eigene Krankheit hat. Er muss individuell therapiert werden, weil wir ihn über seine eigene Nutzenschwelle zur Gesundung heben wollen.[15] Gerechtigkeit im Medizinsystem heißt dann nicht »gleiche Behandlung«, sondern gleiche Chance für den Zugang zur notwendigen Behandlung. Übrigens: Ein Recht auf Gesundheit gibt es nicht.

Care-Ethik

Die o.g. Prinzipienethik kann sehr schematisch angewendet werden und wird manchmal leider auch so genutzt. Ein Prinzip hilft zudem nicht, ethische Entscheidungen praktisch umzusetzen. Vor allem wird heute das Prinzip der Patientenautonomie sehr in den Vordergrund gestellt. Das führt zu schnellen, schematischen Entscheidungen, kann jedoch an den Bedürfnissen der Kranken vorbeigehen. Die Politikwissenschaftlerin Joan Tronto hat eine Sorge-Ethik in fünf Punkten beschrieben.[16] Daraus lassen sich die folgenden Fragen für die Arbeit am und mit dem Patienten ableiten:

1) Anteilnahme, Aufmerksamkeit: Woran leidet der Patient tatsächlich? Verschweigt er etwas, hat er Angst? Was braucht er jetzt und in naher Zukunft? Was ist ihm wichtig? Was bedeutet ihm das Gute?

---

[15] Harry G. Frankfurt, op.cit. p. 134–158.

[16] J.C. Tronto: Moral Boundaries. A Political Argument For An Ethic Of Care. Routledge London, New York 1993.

2) Unterstützung, Verantwortung: In welchen Bereichen braucht er praktische Unterstützung, was kann er selbst? Ist er hilflos? Haben wir einen Vorsorge-Plan? Wer übernimmt für ihn ggf. Verantwortung?

3) Versorgen, Kompetenz: Haben wir genügend personelle, technische und finanzielle Mittel für die Versorgung? Wer von uns ist fachlich kompetent genug? Brauchen wir externe Kompetenz? Müssen wir den Patienten ggf. verlegen?

4) Reaktion, Resonanz: Wie steht der Patienten zu unserer aktuellen Sorge-Arbeit? Helfen wir ihm, das zu erreichen, was ihm wichtig ist? Äußert er sich dazu ggf. nonverbal? Wie ist die Resonanz der Angehörigen? Wie gehen wir mit dieser Resonanz um?

5) Gemeinsame Sorge, Solidarität: Wir können nicht immer alles alleine schaffen. Wie organisieren wir eine gemeinsame Care-Arbeit? Geben wir den Angehörigen eine Rolle dabei? Bekommen die genügend Hilfe für die Pflege zu Hause?

Abwägung

Das vernünftige Abwägen von Handlungsalternativen, z.B. deren Nutzenchance und Schadenrisiko ist nie einfach. Dabei spielen technische und ökonomische Fragen ebenso eine Rolle wie soziale oder ethische. Wir bevorzugen heute eine Ethik mit Berücksichtigung der Humanität und Menschenwürde, der Empathie, der Gerechtigkeit, der Regelbefolgung und Folgenabwägung. In Anlehnung an Detlef

Horster[17] erleichtert ein schrittweises Vorgehen die Entscheidungsfindung:

(a) Welche objektiven moralischen Pflichten stehen in Konkurrenz?

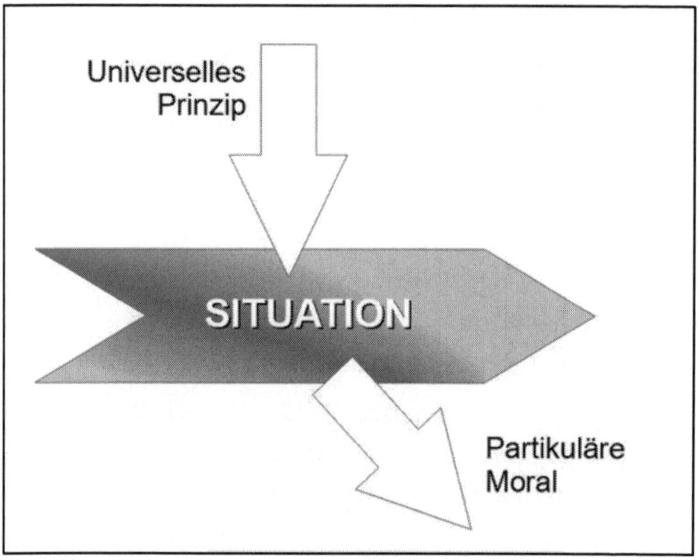

(b) Gibt es wichtige situative Zusatzinformationen?

(c) Welche Pflicht hat den Vorrang – und warum?

(d) Wie lässt sich unsere Entscheidung praktisch umsetzen?

(e) Kann man mit der gefundenen Lösung ohne moralischen Stress leben?

Man versucht, möglichst nahe an den Prinzipien zu entscheiden. Die individuelle Situation des Patienten erzwingt jedoch oft leichtere Abweichungen (partikuläre Moral), zumal sich Krankheitssituationen im Zeitverlauf

[17] Detlef Horster: Ethik. Stuttgart 2009; Abbildung in Anlehnung an seine Darstellung.

auch ändern können. Manchmal ist ein Prinzip gar nicht umsetzbar. Deshalb ist es nicht möglich, dem Patientenwohl zu dienen, ohne die aktuelle medizinische und soziale Situation und deren Folgen, ohne die körperliche und mentale Verfassung des Patienten zu kennen.

In einem multiprofessionellen Team erfährt man wesentliche Aspekte aus verschiedenen Blickwinkeln, auch was die Unterstützung durch Angehörige betrifft. Alle diese genannten Punkte werden in einem Diskurs sorgfältig rational abgewogen und begründet. Das geübte, eigene Gewissen bleibt dabei eine ziemlich unbestechliche Instanz. Man drückt Prinzipien oder Maximen nicht schematisch gnadenlos durch, sondern wendet sie angemessen an die Situation an. Zusammen mit den fünf Aspekten der Care-Ethik kann man zu einer moralischen Entscheidung kommen, die praktisch wirksam wird und dem Patienten tatsächlich hilft.

MEDIZINETHISCHE KASUISTIK

Die Besprechung von Fallbeispielen ist in der Medizin eine beliebte Methode, ethische Entscheidungsfindungen einzuüben. Ohne die Prinzipien von Beauchamp und Childress und die Fragen der Care-Ethik sind unstrukturierte Fallbesprechungen uferlos. Entscheidungen sind auf diese Weise schwer nachvollziehbar, rational zu erklären oder zu vermitteln. Deshalb muss man eine theoretische Grundlage erlernen bevor man sich an die kasuistische Arbeit macht[18] und nicht umgekehrt. Das dient auch einem gemeinsamen Verständnis von ethischen Begriffen und einer gemeinsamen Sprache, die Diskurse erheblich erleichtert.

Es gibt eine ganze Reihe von Vorschlägen zum Vorgehen bei der medizinethischen Fall-Analyse.[19] Alle haben das

---

18 B. Heinrichs: Zum Beispiel. Über den methodologischen Stellenwert von Fallbeispielen in der Angewandten Ethik. Ethik Med 2008, 20, 40–52.

19 Hier eine unvollständige Liste zur Durchführung einer medizinethischen Fallbesprechung: www.gesetze-im-internet.de/stgb/__13.html {Zugriff Juli 2023} z.B. www.malteser.de/fileadmin/ Files_sites/Fachbereiche/ Krankenhaeuser/Downloads/ ethische_fallbesprechung.pdf {Zugriff Juli 2023} z.B. www.ppm-online.org/pflegedienstleitung/pflegepersonal/ethische-fallbesprechung-in-den-arbeitsalltag-integrieren {Zugriff Juli 2023} z.B. www.aerzteblatt.de/archiv/66507/Ethische-Fallbesprechungen-Das-Beste-fuer-den-Patienten z.B. aerztekammer-mainz.de/pdf/Ethik/ Nimwegener_Methode_eth_Fallbespr_RhAEB_2000_05.pdf z.B. www.erzbistum-koeln.de/export/sites/ebkportal/seelsorge_und_glaube/krankheit_und_pflege/.content/.galleries/ethik-medizin-pflege/

Ziel, mit den vorhandenen Mitarbeitern und Strukturen eine medizinische Lösung im Sinn des individuellen Patientenwohls zu finden und den moralischen Stress im Team zu vermindern. Allen gemeinsam ist ein strukturiertes Vorgehen zur Erleichterung des Diskurses. [20] Viele Einrichtungen bieten dazu Moderatoren-Schulungen an, denn einen wirklichen Diskurs zu ermöglichen und aufrecht zu erhalten ist nicht immer einfach.

Ziele

Von Seiten der Leitung des Hauses und der Ethikberater ist zu klären, welches Ziel diese Beratungen haben sollen. In unserem Klinikum beispielsweise war der primäre Auftrag, den moralischen Stress der Mitarbeiter zu verringern. Behandlungsteams, deren moralische Haltungen und Überzeugungen ständig zu Konflikten führen, verlieren ihre Energie in diesen persönlichen Reibungen. Sie fehlt dann für die Care-Arbeit am Patienten.

Es gibt aber viele weitere Ziele, die oft unausgesprochen bleiben und dann zu enttäuschten Erwartungen führen können. Es kann um die Zufriedenheit der Patienten und der Angehörigen gehen, ebenso um die Vermeidung juristischer Komplikationen oder um die Fortbildung der Mitarbeiter etc. Über die offenen und verborgenen Ziele sollte Einigkeit erzielt werden: Für welche Themen ist das Ethikkomitee zuständig? Danach richtet sich auch die Methodik der Beratung.

Ethische_Fallbesprechung/2023-04-Praxishilfe-EFB.pdf {Zugriff Juli 2023}

20 Jürgen Habermas: Erläuterungen zur Diskursethik. Frankfurt am Main Suhrkamp, 1991.

Unser Klinisches Ethikkomitee hat vorwiegend bei aktuellen Problemen der Arbeit am Patienten beraten und Entscheidungen begleitet. Weil immer klar bleiben sollte, wer die Verantwortung für den Patienten trägt, fand die Entscheidungsfindung im Behandlungsteam statt. Wenn dort eine gemeinsame Auffassung erzielt werden konnte, sank der moralische Stress deutlich. Die rechtliche Verantwortung hatte immer der zuständige Facharzt (nach Delegation durch seinen Chefarzt). Wenn also Entscheidungen zu treffen waren, haben wir das Team und den zuständigen Facharzt beratend begleitet und uns mit eigenen Urteilen zurückgehalten.

Unser Ethikkomitee hat keine Urteile gefällt oder Voten abgegeben. Der Eindruck einer Gerichtsverhandlung oder des Zur-Verantwortung-Ziehens war ausdrücklich zu vermeiden. Dafür gab es andere Einrichtungen im Klinikum, z.B. das Fehler-Management oder auch die Morbiditäts- und Mortalitäts-Konferenzen. Ganz im Gegenteil war unser Ziel, als Hilfe im Konflikt wahrgenommen zu werden. Dazu braucht es keine strukturelle Macht; deutlich wahrnehmbare ethische Kompetenz ist aber hilfreich und genügt vollkommen.

Beratungsformen

Es haben sich verschiedene Formen der Ethikberatung entwickelt, die mit den Personal- und Organisationsstrukturen der Einrichtungen zu tun haben. Ethikberatung kostet Zeit und zwar Arbeitszeit, nicht Freizeit. Man wird sich gut überlegen, wie eine große Beratungsrunde mit fünf bis zehn Mitarbeitern so organisiert wird, dass deren fünf bis zehn ausfallende Arbeitsstunden im laufenden Betrieb auf Station kompensiert werden können. Also werden große Beratungsrunden eher eine Ausnahme bleiben und sind immer gut zu begründen und vorzubereiten. Häufiger sind Ethik-Konsile mit einem oder zwei Beratern und einer Pflegekraft oder einem Arzt, weil dies organisatorisch unkomplizierter ist. Für solche »kleine Beratungen« findet sich immer ein gemeinsames Zeitfenster und ein Ort.

Telephonische Beratungen oder Video-Konferenzen sind möglich, wenn sich die Beteiligten bereits gut kennen. Emotionen sind ansonsten schwer wahrzunehmen, aber für die Gesprächsführung wichtig. Moralischer Stress spiegelt sich in den Gesichtern und im Verhalten. Der Ethikberater muss auf Zweifel oder Skepsis eingehen.

Auch retrospektive Beratungen können den moralischen Stress in einem Team abbauen. Sie müssen gründlich vorbereitet werden. Der Mitarbeiter, der den Fall vorstellt, bekommt einen Gliederungsvorschlag. Er hat eine begrenzte Zeit für seinen Vortrag. Man engt im Vorfeld das Thema ein und lässt unwichtigere Nebenaspekte zunächst weg. Was im Zusammenhang wichtig ist, muss besprochen werden. Dazu hilft es, sich zu einigen, welches Ziel diese retrospektive Beratung verfolgt. Da viele Teilnehmer viele Arbeitsstunden einbringen, hilft ein strikter Zeitplan mit konsequenter Gesprächsführung. Mit Einzelgesprächen im Anschluss ist immer zu rechnen.

Ablauf

Man sollte sich auf einen Ablauf der Beratungen festlegen. So können sich die anfordernden Pflegekräfte und Ärzte auf die Agenda vorbereiten. So werden auch die Grenzen der Klinischen Ethikberatung deutlich: Es handelt sich um kein therapeutisches Verfahren, sondern um beratende Hilfe bei der Ethikarbeit des Teams. Außerdem sitzen doch erfahrene, professionelle Mitarbeiter am Tisch: Sie alle verfügen über Problemlösungs-Kompetenz.

Man könnte z.B. folgende Regeln für das Gespräch aufstellen:

1) Kommentare zur Person eines Teilnehmers sind nicht erlaubt. Das Gespräch wird möglichst emotionsfrei und sachlich geführt. Alle begegnen sich auf Augenhöhe, Titel werden weggelassen. Der Berater erklärt dies ggf. immer wieder. Nicht jeder Chefarzt erträgt das; er soll dann bitte einen Vertreter schicken. Jeder Anwesende trägt seine Sicht bei. So ergibt sich ein weitgehend scheuklappenfreies, multiprofessionelles Bild, das oft überrascht: Man hatte selbst als langjähriger Berater einige wichtige Aspekte noch gar nicht wahrgenommen.

2) Zunächst sammelt man nur Befunde und bewertet sie nicht. Was ist das medizinische, pflegerische, soziale, ökonomische (etc.) Problem? Gibt es ein strukturelles oder technisches Problem des Hauses? Die abwägende Diskussion darüber findet später statt.

3) Worin genau besteht der ethische Konflikt, wer erkennt ihn und wer nicht? Wer spürt sein Gewissen, wer hat den moralischen Stress - und warum? Es sollte von allen als wertvoll empfunden werden, wenn jemand über seine Gewissensbisse berichten kann. Es spricht für das Gesprächsklima (und ist deshalb leider nicht überall umsetzbar).

4) Meist gibt es verschiedene medizinische Handlungsoptionen, worüber der Konflikt ausgebrochen ist. Wir suchen für jede Option die Reibungspunkte der vier

Prinzipien von Beauchamp & Childress: (a) Wird die Patientenautonomie geachtet oder sind wir Paternalisten? (b) Wissen wir, ob wir dem Patienten etwas Gutes tun und was hält der Patient selbst für gut? Wie sicher ist unsere Behandlungsindikation? (c) Wie verhält es sich mit der Nutzen-Schaden-Abwägung? (d) Sind wir gerecht, bevorzugen oder benachteiligen wir jemanden? Wenn es dabei zu viele Fragezeichen gibt, kann man die eine oder andere Handlungsoption jetzt schon ausschließen.

5) Um Handlungen praktisch umzusetzen, sind die Kriterien der Care-Ethik hilfreich: (a) Sind wir dem Patienten gegenüber aufmerksam genug? Was ist ihm tatsächlich wichtig? (b) Was kann er selbst erledigen, wo müssen wir unterstützen? Wie reagiert der Patient auf unsere Hilfen? (c) Wer übernimmt für ihn die Verantwortung? (d) Gibt es im Behandlungsteam genügend Kompetenz? Brauchen wir externe Hilfe? (e) Wie organisieren wir die Hilfen im Umfeld, um die Sorge-Arbeit langfristig zu stabilisieren?

6) Erst jetzt kommt die eigentliche Diskussion der gefundenen Reibungspunkte. Das Team soll sich zu der Handlung durchringen, die am wenigsten die Prinzipien verletzt und am ehesten der Care-Ethik entspricht. Es sollten möglichst alle Teammitglieder ohne moralischen Stress hinter dieser Entscheidung stehen können. Dabei wird nicht immer die moralphilosophisch korrekteste Lösung erzielt, die allen theoretischen Prinzipien entspricht (falls so etwas tatsächlich möglich wäre). Es geht im Diskurs nicht um »Recht-Haben« oder Machtansprüche. Man kann aber meist eine Lösung finden, die für den einzelnen Mitarbeiter moralisch tragbar und unter den aktuellen Umständen für den Patienten das Bestmögliche

ist. Und das Beratungsergebnis kann jederzeit revidiert werden, wenn sich die Situationen ändern sollten.

7) Das Beratungsprotokoll und die Problemlösung des Teams sollten in der Patientenakte dokumentiert werden. Es muss nachvollziehbar bleiben, weshalb es zu dieser Entscheidung kam. Eine kluge Wortwahl kann dabei nicht schaden; ggf. kann der Hausjurist ein Auge darauf haben, um spätere Missverständnisse mit Anwälten oder Richtern zu vermeiden.

EINIGE MEDIZINETHISCHE KASUISTIKEN

Wenn man medizinethische Kasuistiken vorstellt (wie hier in diesem kleinen Buch), sind Missinterpretationen vorprogrammiert. Man kann nie alle medizinischen, pflegerischen, sozialen, finanziellen Situationen schriftlich vollständig beschreiben. Man nimmt medizinische Zusammenhänge als selbstverständlich an, was sie aber nie sind. Und es gibt nie die einzige, »wahre« Lösung.

Mir geht es hier deshalb eher darum, den Weg zu einer moralisch verträglichen Lösung aufzuzeigen. Wir analysieren die Fälle mit den medizin-ethischen Prinzipien und berücksichtigen die Aspekte der Care-Ethik, bevor wir uns an die Abwägung guter Gründe machen. Diese eigentliche Ethikarbeit wird in jedem beratenen Team etwas unterschiedlich ausfallen, weil dort die Haltungen und Überzeugungen und auch die lokalen Arbeitsbedingungen unterschiedlich sind.

Deshalb sind die hier vorgeschlagenen Beratungsergebnisse auch keine endgültigen Wahrheiten, sondern das Ergebnis der Zusammenarbeit in den Teams. Es handelt sich im Sinne Karl Poppers um gut begründete Arbeitshypothesen, d.h. wir konnten damit weiterarbeiten.

Ausdrücklich bedanke ich mich bei den Kollegen und den Ethikberatern, die mir diese Kasuistiken zur Verfügung gestellt haben. Ihre wertvolle Arbeit soll mit diesem Buch auch dokumentiert und wertgeschätzt werden.

Darmkrebs

Situation

Eine 74 jährige Frau wird mit Subileus (seit 3 Tagen) ins Krankenhaus aufgenommen. Sie leidet an einem Diabetes mellitus Typ II, der mit oralen Antidiabetika gut eingestellt ist, an einer arteriellen Hypertonie, die mit einer Zweifachtherapie kontrolliert wird. Sie ist zeitlich und örtlich voll orientiert, ängstlich, aber interessiert. Die Diagnostik ergibt am nächsten Tag den Verdacht auf ein Kolonkarzinom. Mit einiger Mühe kann sie der Stationsarzt überzeugen, dass eine Koloskopie erforderlich ist. Diese bestätigt am Folgetag die Verdachtsdiagnose. Histopathologie, Computertomographie und Sonographie zeigen ein gut operables Tumorstadium: Die Heilung ist sehr wahrscheinlich. Der Chirurg klärt die Patientin über den nun erforderlichen Eingriff einer Hemikolektomie (Teilentfernung des Dickdarms) mit Anlage eines Anus praeter (künstlicher Darmausgang) auf. Andernfalls wird der Tumor in Kürze den Darm ganz verschließen und wahrscheinlich irgendwann auch metastasieren.

Die Patientin verschiebt die Entscheidung, bis sie mit ihrer Tochter und dem Schwiegersohn sprechen kann. Am nächsten Morgen lehnt sie die Operation ab, obwohl auch der Oberarzt versucht, sie für die wahrscheinlich lebensrettende Operation umzustimmen. Sie will sofort entlassen werden.

Zur Ethikberatung sind zwei klinische Ethikberater, eine Pflegekraft und der Oberarzt gekommen.

Analyse

Prinzipien: Die Patientin ist sicherlich autonom, wenn auch ängstlich. Das ist durchaus verständlich, wenn eine größere Darmoperation ansteht. Die Ärzte wollen ihr die beste medizinische Behandlung zukommen lassen, aber die Patientin ist davon nicht überzeugt. Nutzenchance und Schadenrisiko solcher Operationen sind bekannt; der Nutzen überwiegt aus medizinischer Sicht den möglichen Operations- oder Narkoseschaden bei weitem. Dies gilt auch für den Folgeschaden eines künstlichen Darmausgangs (Anus praeter). Was die Gerechtigkeit betrifft: Die Patientin kann im Krankenhaus nicht festgehalten werden: Man muss sie auf Wunsch entlassen.

Care-Ethik: Man weiß nicht genau, was der Patienten eigentlich wichtig ist. Zweifelt sie an der ungünstigen Prognose, falls sie nicht operiert wird? Oder hat sie Bedenken wegen des Anus praeter? Wie wurde mit ihr kommuniziert? Könnte man seelsorgerische oder psychologische Hilfe anfordern? Könnte der Hausarzt eingeschaltet werden? Weiß man überhaupt, was zwischen der Patientin und ihren Angehörigen besprochen wurde? Haben Tochter und Schwiegersohn vielleicht von der Operation abgeraten? Hat jemand aus dem Stationsteam mit ihnen darüber gesprochen?

Abwägung

Aus medizinethischer Sicht bleiben zu viele Fragen ohne adäquate Antwort. Sicherlich sollte aus ärztlicher Sicht der heilbare Tumor operiert werden. Davon ist die Patientin zu überzeugen. Dem stehen aber ihre offensichtlichen Ängste im Weg. Sie wollte immerhin wissen, um welche Krankheit es sich bei ihr handelt, denn der Diagnostik hat sie noch zugestimmt. Die Ärzte haben nun die Pflicht, auf die Konsequenzen hinzuweisen, falls nicht operiert würde: Der Tumor wird den Darm komplett verschließen. Dann käme sie als Notfall zur Operation und diese wäre dann riskanter. Man weiß nicht, wovor genau die Patientin Angst hat. Es könnte der Eingriff selbst sein, aber auch der daraus folgende Anus praeter. Dessen Handhabung muss erlernt werden und ist nicht ganz einfach. Womöglich könnte der Kontakt zu einem schon operierten Anus-praeter-Träger helfen?

Es stellen sich einige Kommunikationsprobleme heraus: (a) Die Ärzte sind nicht überzeugend, weil sie zu wenig auf die Angst der Patientin eingehen. Vielleicht sind die ärztlichen Argumente zu rational, wo eigentlich ein emotionales Problem besteht. Die emotionale Kompetenz von Seelsorgern oder Psychologen könnte hier zum Einsatz kommen; zumindest sollte man es versuchen. (b) Tochter und Schwiegersohn sind unbekannte Variable bei der Entscheidung der Patientin. Mit ihnen hat noch niemand sprechen können. Angehörige spielen eine wichtige Rolle in der Meinungsbildung der Patienten, das darf man nie unterschätzen. (c) Ein Hausarzt hat die Patientin ins Krankenhaus eingewiesen. Es ist sicher ein wichtiger Ansprechpartner für sie und er ist wahrscheinlich eine medizinische Vertrauensperson. In die Entscheidungsarbeit kann er eingeschaltet werden.

Außerdem: Bei der Beratung spielt die Dringlichkeit der medizinischen Handlung eine Rolle: Muss tatsächlich sofort entschieden und gehandelt werden? Zeitdruck verursacht Stress und so entsteht eine Überforderung: Nicht jeder kann damit gut umgehen.

Ergebnis

Das Team empfiehlt, die Entscheidung zur Operation aufzuschieben, bis die offenen Fragen geklärt sind. Der Patientin wird ein neuer Gesprächstermin angeboten. Sie sagt dazu überraschend sofort zu; Tochter und Schwiegersohn sollen dabei sein. Rückblickend ist ein Kommunikationsproblem die wahrscheinlichste Ursache für die Ablehnung der Operation gewesen. Der Kontakt zum Hausarzt hat die Patient dann doch überzeugt. Sie konnte kurativ operiert werden.

Einwilligungsfähigkeit

Situation

Eine 76-jährige Dame wird von den Pflegenden im Altenheim als vergesslich und launisch beschrieben. Sie hat diverse internistische Krankheiten, die sie aber kaum beeinträchtigen (mittelgradige Niereninsuffizienz, leichte Linksherzinsuffizienz, leichte Hypothyreose, leichte arterielle Hypertonie).

Sie verweigert immer wieder das Essen, will sich nicht jeden Tag waschen, will auch nicht immer aufstehen. Ihre Tabletten vergisst sie gerne. Sie verliert kontinuierlich Gewicht, was der Medizinische Dienst der Krankenkassen bemängelt. Die Angehörigen sind besorgt. Der Hausarzt ordnet deshalb eine Blutuntersuchung sowie eine Endoskopie des Magens und des Dickdarms an. Die Patientin lehnt das ab. Da wird von den Angehörigen und den Pflegenden die Frage aufgeworfen, ob diese Patientin nicht dement sei. Der Hausarzt organisiert ein psychiatrisches Konsil. Es wird eine beginnende Demenz[21] und leichte depressive Verstimmung diagnostiziert und eine antidepressive Medikation verordnet.

---

[21] Kriterien der leichten Demenz: (a) Kognitive Beeinträchtigungen: Komplexe tägliche Aufgaben können nicht (mehr) ausgeführt werden; (b) Lebensführung: Die selbstständige Lebensführung (Alltag) wird zwar beeinflusst, ein unabhängiges Leben ist dennoch möglich; (c) Häufige affektive Störungen: Depression, Antriebsmangel, Reizbarkeit, Stimmungsschwankungen; (d) Benötigte Hilfe nur fallweise erforderlich.

Zur Beratung kommen zwei Pflegekräfte und zwei klinische Ethikberater. Mit dem Hausarzt wurde telephoniert.

Analyse

Prinzipien: Vor der eigentlichen Beratung bitten die Pflegekräfte darum, die Patientin zu besuchen. Sie selbst lege großen Wert darauf, weil sie fürchte »jetzt für verrückt erklärt« zu werden. Man beschreibt ihr die aktuelle Aufgabe des Ethikberaters und die Gründe dafür: Die Familie mache sich Sorgen, der Hausarzt sei alarmiert, der Psychiater habe eine leichte Demenz gefunden. Man kann mit der Patientin ein gutes Gespräch führen. Sie versteht alle Angaben und erklärt, was sie will: Sie will weiter leben und nicht gleich sterben; man müsse sie aber nicht um jeden Preis lebenserhaltend behandeln; sie will kein langes, schmerzhaftes Leiden. Gebe es da nicht medizinische Möglichkeiten der Erleichterung? Ob sie die Endoskopien machen lasse, wisse sie noch nicht. Sie fühlt sich überrollt, es gehe alles viel zu schnell. Man telephoniert mit ihrer Erlaubnis mit dem Psychiater. Er bestätigt den Eindruck: Die Patientin ist durchaus für ihre Gesundheitsfragen entscheidungsfähig. Diese entscheidungsfähige Patientin lehnt die vorgeschlagene Diagnostik ihres Gewichtsverlustes ab.

Es gibt eine lange Reihe von Ursachen für einen ungewollten Gewichtsverlust im Alter.[22] Die häufigsten sind Zahnprobleme, Geschmacksstörungen, Schluckstörungen, Durchfall, fortgeschrittene chronische Erkrankungen, Depression, Demenz, soziale Dysfunktionen, Medika-

---

22 www.aerzteblatt.de/archiv/64649/Der-ungewollte-Gewichtsverlust-des-alten-Menschen {Zugriff August 2023}

mente. Daraus ergeben sich verschiedene diagnostische Wege. Nach Anamnese, körperlicher Untersuchung incl. Zahnstatus, Standardlabor incl. Schilddrüsenhormonen und Urinstatus, abdominellem Ultraschall und Röntgen-Thoraxübersicht sollten die Endoskopien des Ösophagus, des Magens und des Kolons erfolgen. Der Hausarzt ist überzeugt, dass seine vorgeschlagene Diagnostik erfolgen muss. Er glaubt, das sei das Beste für seine Patientin. Der Nutzen überwiege bei weitem einen seltenen Schaden. Er wolle seine Patienten weder benachteiligen noch bevorzugen, er würde in ähnlichen Fällen ähnlich vorgehen.

Care-Ethik: Ist man aufmerksam genug? Wahrscheinlich nicht. Man hat nichts über die Gründe der Ablehnung erfahren, obwohl sich die Patientin durchaus äußern kann. Sie kann für sich selbst Verantwortung übernehmen und darf auch durch die Verwandten nicht bevormundet werden. Ärztliche und pflegerische Kompetenz ist offensichtlich im Haus vorhanden. Um die emotionalen Probleme muss sich aber jemand kümmern. Die Reaktion der Patientin auf das Gespräch mit dem Ethikberater war durchweg positiv: Endlich höre ihr jemand zu.

Abwägung

(a) Mit der autonomen Patientin wurde nicht ausreichend kommuniziert, weil man ihre Entscheidungs- und Zustimmungsfähigkeit als zu gering eingeschätzt hatte. Auch leicht demente Menschen können sich jedoch dazu äußern, was sie wollen oder ablehnen. Sie brauchen oft mehr Zeit für ihre Überlegungen, sind nicht immer konzentriert und können Folgen von Krankheit und/oder Diagnostik schlecht selbst abschätzen. Sie müssen auf ihrem Entscheidungsweg begleitet werden und das kostet Zeit (die überall ein knappes Gut ist).

(b) Der Ethikberater ist selbst Arzt und gibt zu bedenken, dass der diagnostische Weg des Hausarztes nach der Blutuntersuchung gleich mit den Endoskopien fortfährt. Es werden wichtige Untersuchungs-Schritte übersprungen (s.o.), die eine invasive Diagnostik vielleicht überflüssig machen könnten. Vor allem werde die Depression als mögliche Ursache nicht in Erwägung gezogen. Man könnte doch die Wirkung der schon verordneten antidepressiven Medikation auf das Körpergewicht abwarten. Der Hausarzt bittet um die o.g. Literaturstelle[19] und stimmt dann dem neuen Diagnostikweg zu.

(c) Mit der besorgten Verwandtschaft spricht der Berater direkt im Anschluss an die Beratung. Es werden Fragen der Entscheidungs- und Zustimmungsfähigkeit angesprochen. Man berät sich zur (zeitaufwendigen) Kommunikation und legt die Ansprechpartner und Kontaktzeiten fest, um die Pflegenden zu entlasten.

(d) Die Pflege sieht Schwierigkeiten, weil der Medizinische Dienst der Krankenkassen den Gewichtsverlust bemängelt. Es wird auf das Beratungsprotokoll verwiesen, in dem darauf eingegangen wird. Man bittet, die o.g. Diagnostik zunächst abzuwarten.

Ergebnis

Das Behandlungsteam und der Hausarzt verstehen die vorgebrachten Einwände und halten es für vernünftig, die vorgeschlagene neue Reihenfolge der Diagnostik einzuhalten und die möglichen Erfolge der antidepressiven Behandlung abzuwarten. Es wird ein Zeitrahmen von 6

Wochen zur Erfolgsbeurteilung angesetzt. Die Angehörigen sind sich uneins; Paternalismus ist weit verbreitet und kommt nicht nur bei Ärzten vor.

Über den Hausarzt wird später bekannt, dass die schlecht sitzende Zahnprothese wahrscheinlich die Ursache für die ungenügende Nahrungsaufnahme war. Nach zahnärztlicher Anpassung hat das Körpergewicht der Patientin etwas zugenommen. Auch das Antidepressivum scheine zu wirken: Die Stimmungslage ist etwas optimistischer. Mehrfach war der Stuhltest auf okkultes Blut negativ; auf die Endoskopien wurde zunächst verzichtet.

Aufklärung und Ethnie

Situation

Eine 70-jährige Frau mit fortgeschrittenem Darmkrebs kommt auf die Station. Sie leidet unter heftigem Dauerschmerz durch Metastasen in der Leber, sie hat einen malignen Pleuraerguss mit Atemnot. Man hat den Eindruck, dass bisher niemand mit ihr über die schlechte Prognose und über die palliativen Behandlungs-Möglichkeiten gesprochen hat.

Leider spricht sie kaum deutsch; sie stammt aus Anatolien und ist mit ihrem ebenfalls schlecht deutsch sprechenden Mann vor 45 Jahren nach Deutschland gezogen. So kann man mit den beiden kein Aufklärungsgespräch führen. Sohn und Tochter sind in Deutschland geboren und sprechen unsere Sprache perfekt.

Man bittet die Kinder zum Aufklärungsgespräch hinzu. Beide Kinder lehnen dies energisch ab und schlagen ein Gespräch ohne die Eltern vor. Sie sind sehr aufgeschlossen und es wird ein gutes Gespräch. Von einer Schmerztherapie und dem palliativen Ansatz wussten sie nichts; sie halten das für eine gute Behandlungsmöglichkeit, wenn schon eine Heilung nicht mehr möglich ist. Sie wollen mit den Eltern im Anschluss reden. Nach wenigen Minuten kommt die Tochter ins Arztzimmer. Sie kann die Tränen kaum zurückhalten, sie halte das nicht mehr aus. In der Kultur ihrer türkischen Familie dürfe man den Eltern, den

»ehrwürdigen Alten«, niemals eine schlechte Botschaft bringen.

Analyse

Prinzipien: Die Patientin ist wahrscheinlich autonom. Trotzdem ist sie zur Zeit nicht entscheidungs- und zustimmungsfähig, da sie über ihre Erkrankung und die Behandlungsmöglichkeiten nicht ausreichend informiert ist. Eine Heilung ist nicht mehr möglich, es gibt aber eine ganze Reihe palliativer Möglichkeiten: Schmerztherapie und Pleurapunktion, evtl. auch Pleurodese (Verklebung der Pleura). Aktuell könnte man ihr Gutes tun, wenn sie aufgeklärt würde; ein Schaden für sie wäre es, dies nicht zu tun. Auch ein Aspekt von Gerechtigkeit ist betroffen, denn jeder Mensch hat das Recht, über seine Krankheit Bescheid zu wissen. Er hätte auch das Recht, es nicht wissen zu wollen.

Care-Ethik: Der Aufmerksamkeit der Pflegekräfte ist der Hinweis zu verdanken, dass die Patientin offensichtlich nichts über ihre Erkrankung weiß. Sie macht einen besorgten und ängstlichen Eindruck. Es gäbe genügend fachliche Kompetenz am Haus, sie wurde aber nicht über ihre Krankheit und deren Behandlung aufgeklärt. Die Kompetenz, mit ihr verständlich zu reden, haben sittenbedingt weder die Kinder noch sprachbedingt das Behandlungsteam. Dazu braucht es externe Hilfe.

Abwägung

In unserem deutschen Kulturkreis ist es weder ethisch noch juristisch erlaubt, jemanden ohne adäquate Aufklärung medizinisch zu behandeln. Wir brauchen immer eine ausdrückliche Zustimmung des Patienten. Die Ethikberater bestehen darauf, dieses Problem vorrangig zu lösen. Aus dem Team kommt eine Idee: Es ist zwar den Kindern unmöglich, den »ehrwürdigen Alten« eine schlechte Nachricht zu überbringen, einem Außenstehenden jedoch nicht. Die Pflegenden schlagen vor, unter den türkisch sprechenden Medizinstudenten der Universitätsklinik einen Freiwilligen zu suchen, der sich dieser Aufgabe gewachsen sieht.

Im Team werden die Behandlungsmöglichkeiten besprochen. Das ambulante Palliativteam des Klinikums wird eingeschaltet, auch um zu besprechen, wo die Behandlung stattfinden soll, auf der internistischen oder auf der Palliativstation.

Ergebnis

Eine türkisch sprechende Studentin hat sich sofort bereit erklärt. Sie beriet sich vorbereitend mit den zuständigen Ärzten und sprach anschließend in Anwesenheit eines Arztes mit der Patientin und ihrem Ehemann. Beide waren froh, dass die Geheimniskrämerei ein Ende hatte. Sie haben sich überschwänglich bei der Studentin bedankt und ihr ein kleines Geschenk überreicht. Eine Ethikberaterin hat am Tag danach mit der Studentin über ihre hilfreichen Einsatz gesprochen und ihre Fragen beantwortet. Nebenbei hat die Studentin bei ihrem Einsatz viel über Palliativmedizin und Patientengespräche gelernt.

Die Patientin blieb auf der internistischen Station. Dort fand dann die Schmerztherapie und eine Pleurodese statt. Sie konnte nach 10 Tagen das Krankenhaus verlassen und wurde vom ambulanten Palliativdienst weiter betreut.

Natürlicher Wille

Situation

Eine 83-jährige Dame hatte vor 10 Jahren eine Patientenverfügung verfasst und Ihre Tochter vorsorgebevollmächtigt. In dieser Patientenverfügung schreibt sie unter anderem, dass sie niemandem zur Last fallen und auch in keine entwürdigende Situation geraten wolle. Ausdrücklich nennt sie Beispiele: Sie wolle nicht gefüttert werden und schon überhaupt nie künstlich ernährt werden. Sie wolle auch nicht mit Windeln gewickelt werden; das sei für sie besonders entwürdigend.

Inzwischen ist sie schwer dement und damit nicht mehr entscheidungsfähig. Sie lässt sich gerne füttern, lächelt und streichelt die Pflegende, wenn sie füttert. Sie lässt sich auch wickeln und hilft bei der Körperpflege mit. Mit dem sozialen Umfeld des Pflegeheims kommt sie gut zurecht und nimmt an verschiedenen Aktivitäten teil.

Die bevollmächtigte Tochter ist ratlos: Soll sie in dieser Situation die Patientenverfügung durchdrücken? Oder hat ihre Mutter durch ihren natürlichen Willen ihre Patientenverfügung widerrufen? Die Tochter bittet um eine Ethikberatung.

Analyse

Prinzipien: Die alte Dame ist durch ihre Demenz nicht mehr autonom. Ihre Tochter ist durch Vorsorgevollmacht die Patientenvertreterin. Sie sieht einen Widerspruch zwischen dem autonomen schriftlichen Willen und dem aktuellen natürlichen Willen. Ihre gesetzlich definierte Aufgabe ist es, den schriftlichen Willen ihrer Mutter umzusetzen. Andererseits will sie aber nicht, dass dieser dadurch ein Schaden entstünde.

Nun sind nicht alle Willensäußerungen in der vorliegenden Patientenverfügung tatsächlich umsetzbar, weil sie der Patientin schaden würden. Bei Inkontinenz muss man die Ausscheidungen so handhaben, dass kein Dekubitus entsteht. Die Pflegenden müssen deshalb unter anderem auch Windeln verwenden. Die Patientin muss nicht künstlich ernährt werden, denn sie isst gerne, lässt sich füttern und ist offensichtlich dankbar dafür. Ihre Einstellung zum Gefüttertwerden hat sich ganz offensichtlich geändert. Es liegt auch kein »freiwilliger Verzicht auf Nahrung und Flüssigkeit« vor, also der Ausdruck, sterben zu wollen. Sie ist gut integriert in das soziale Leben des Pflegeheims und offensichtlich zufrieden mit ihrer Lebenssituation (soweit man das als Außenstehender überhaupt beurteilen kann).

Care-Ethik: Die Pflegenden gehen soweit möglich auf die Wünsche der Patientin ein. Sie will nicht gerne allein sein und sucht Kontakt. Sie will eine gewisse Ordnung im Tagesablauf haben. Die Patientin will außerdem manche Dinge selbständig tun, was nicht immer glückt. Die Pflege hat guten Kontakt zur Tochter.

Abwägung

Aus juristischer Sicht ist ein autonomer Wille dem natürlichen Willen übergeordnet.[23] Ob man mit seinem natürlichen Willen einen schriftlichen autonomen Willen widerrufen kann, ist umstritten. Aus ethischer Sicht darf eine Patientenverfügung jedoch nicht zur Falle werden: Sie soll nützen und nicht schaden. Auch deshalb sind gültige Patientenverfügungen nicht immer anwendbar. Mit der Tochter wurde die vorliegende Patientenverfügung besprochen und auf die nicht anwendbaren Passagen hingewiesen. Nachdem man keine Selbsttötungsabsicht wahrnehmen kann und sich die Patientin gerne füttern lässt, halten wir auch ihren schriftlichen Willen, nicht gefüttert zu werden, für nicht anwendbar.

Es ist für Außenstehende außerordentlich schwierig festzustellen, ob ein Dementer noch Freude an seinem Leben hat oder mit seiner Lebenssituation zufrieden ist. Die Beobachtungen der Pflegenden über längere Zeit hinweg sprechen in diesem Fall aber eher dafür. Man einigt sich darauf, den aktuellen natürlichen Willen zu respektieren, weil man so der Patientin eher nützt als schadet.

Ergebnis

Der Tochter und Vorsorgebevollmächtigten ging es hauptsächlich darum, ihrer Mutter nicht zu schaden. Die anwendbaren Teile der Patientenverfügung werden selbstverständlich berücksichtigt. Ansonsten respektieren wir

---

[23] Siehe z.B. R.J. Jox, J.S. Ach, B. Schöne-Seifert: Der »natürliche Wille« und seine ethische Einordnung. Deutsches Ärzteblatt 2014, 111, A394–397.

den natürlichen Willen, solange dadurch kein Schaden entsteht.

Das Beratungsprotokoll wurde von der Tochter und dem Ethikberater unterschrieben und in die Patientenakte gegeben, um auch die Pflegekräfte zu entlasten.

Zwangsbehandlung?

Situation

Auf Station liegt ein 56-jähriger Mann mit Bronchialkarzinom. Der Tumor hat sich lokal im Mediastinum ausgebreitet und zu einer einzigen Metastase geführt, leider im Gehirn. Es ist eine Chemo-Strahlen-Therapie des Tumors geplant sowie eine gezielte Kleinraum-Strahlentherapie der Hirnmetastase. Die Prognose nach Therapie wird auf etwa drei Jahre geschätzt (ohne Therapie auf etwa 8 Monate).

Dieser Patient hat durch die Hirnmetastase eine Psychose (hirnorganisches Psychosyndrom) entwickelt: Er werde von Unbekannten verfolgt. Sie hätten ihn nun im Krankenhaus entdeckt und würden ihn mit Tabletten oder Infusionen vergiften. Er ist extrem ängstlich aber nicht aggressiv. Er verweigert jetzt jegliche Medikation.

Die Medikamente sind aber dringend notwendig, um die Psychose zu beherrschen. Erst dann kann mit der Behandlung begonnen werden. Vor dem beginnenden Wochenende wird eine Entscheidung getroffen: Man mischt die Medikamente in sein Essen, was er nicht bemerkt. Die Psychose bessert sich bis zum Montag, die Behandlung kann in dieser Woche begonnen werden.

Vom Behandlungsteam wird eine retrospektive Fallbesprechung erbeten: War das eine illegale Zwangsbehandlung?

Analyse

Prinzipien: Der Patient war zeitweise nicht autonom, weil er an einer akuten Psychose litt. Man konnte ihn nicht adäquat über seine Krankheit und die Behandlung aufklären und er verweigerte außerdem jede Medikation. Ein solcher Patient braucht einen Patientenvertreter, ggf. den zuständigen Amtsrichter. Das wurde in der Eile versäumt. Das Amtsgericht hat einen Wochenenddienst und wäre erreichbar gewesen. Was die medizinische Seite betrifft, hat man dem Patienten Gutes getan, denn er wurde von seiner Psychose befreit. Es wäre ein größerer Schaden gewesen, die Akutbehandlung zu unterlassen. Unter Gerechtigkeitsaspekten hätte dem Patienten ein Patientenvertreter zugestanden.

Care-Ethik: Während der Psychose ist es wichtig, die möglichen Auslöser in Kontrolle zu halten. Das Pflegeteam muss entsprechend informiert werden. Wenn es an der psychiatrischen Kompetenz mangelt, ist ein Psychiater zuzuziehen, ggf. auch ein Psychiatriepfleger.

Abwägung

Da man auf Dauer nicht absehen kann, welche langfristigen Folgen die Erkrankung des Gehirns nach sich ziehen wird, empfiehlt der Ethikberater die Bestellung eines Betreuers. Mit den zuständigen ärztlichen Kollegen muss darüber gesprochen werden, warum dies vor der Behandlung versäumt wurde. Es ist denkbar, dass man von einem psychiatrischen Notfall ausging, der keinen Zeitverzug duldete. Der Patient muss über die heimliche Behandlung aufgeklärt werden. Der gesamte Vorgang sollte ausführlich protokolliert werden.

Ergebnis

Das Team hat verstanden, dass es sich um eine ethisch und juristisch heikle Situation handelte. Auch in einem solchen Notfall wäre es einfach gewesen, sich vom Amtsrichter die Handlung genehmigen zu lassen; die Telephonnummer hing in der Stationszentrale unter diversen anderen wichtigen Notfallnummern.

Übrigens: Der Patient war froh, dass ihm so schnell geholfen wurde; er hat sich dafür bedankt.

Amyotrophe Lateralsklerose

Situation

Eine 55-jährige Frau liegt mit fortgeschrittener amyotropher Lateralsklerose [ALS] auf Station. Sie hat vor 5 Jahren ein Mammakarzinom überstanden (komplette Remission). Seither verschlimmerte sich eine vorbestehende Depression. Sie wurde psychiatrisch und psychotherapeutisch behandelt, eine leichte Besserung konnte erreicht werden. Vor vier Jahren wurde eine ALS diagnostiziert, die seither langsam fortschritt.

Die Patientin hat in einer Patientenverfügung alle lebensverlängernden Maßnahmen abgelehnt (insbesondere künstliche Flüssigkeits- und Nahrungszufuhr, alle Beatmungsformen). Ausdrücklich gewünscht wird eine palliativmedizinische Betreuung zur Symptomkontrolle. Vor allem will sie nicht das Gefühl des Erstickens erleiden. Die Patientenverfügung wurde nach Beratung durch den behandelnden Nervenarzt geschrieben. Der Sohn (Rechtsanwalt) ist der bevollmächtigte Patientenvertreter.

Jetzt wurde sie im Endstadium der Erkrankung aufgenommen. Nach Auskunft des Neurologen ist eine kausale Therapie nicht möglich. Zuhause hatte sie eine vierundzwanzigstündige Versorgung durch Familie, Freunde und Pflegedienst. Aktuell leidet sie an Kontrakturen der Arme und Beine, Schmerzen beim Schlucken, Speichelfluss, Sprechstörung, pathologischem Weinen und Lachen, Kachexie, Atemnot bei kleinster Belastung, Angstattacken.

Die Patientin ist ansprechbar, kann offensichtlich klar denken und ist zustimmungsfähig, wenn auch die Kommunikation mit ihr erschwert ist. Sie ist verzweifelt und will das langsame und qualvolle Sterben nicht bei vollem Bewusstsein erleben müssen. Die Patientin, ihr Ehemann und der Sohn wünschen zusätzlich zur schon laufenden Therapie eine palliative Sedierung, weil die psychischen und körperlichen Symptome bisher nicht ausreichend kontrollierbar waren. Eine künstliche Flüssigkeitszufuhr oder Ernährung soll nicht erfolgen, ebenso keine Beatmung oder mechanische Atemhilfe.

Analyse

Prinzipien: Die Patientin ist autonom und bestimmt über die weitere Behandlung selbst. Die Patientenverfügung tritt nicht in Kraft, kann aber angesichts der erschwerten Kommunikation durchaus als Willensäußerung betrachtet werden. Der mündliche und schriftliche Wille der Patientin stimmt mit den Wünschen des Patientenvertreters überein. Man befindet sich medizinisch in einer palliativen Situation: Das einzig medizinisch Gute, das getan werden kann, ist eine adäquate psychische und körperliche Symptomlinderung. Darin besteht aktuell auch der Nutzen einer möglichen Therapie. Das symptomreiche Leiden zu verlängern wäre eindeutig ein Schaden für die Patientin. Sie hat das Recht auf eine adäquate medizinische, also hier palliative Versorgung.

Care-Ethik: Wirklich wichtig ist der Patientin, ihren letzten Lebensabschnitt einigermaßen symptomarm zu erleben. Falls durch die Behandlung ihr Leben verkürzt würde, nähme sie das hin. Wenn dies auf einer Palliativstation besser erreicht werden könnte, will sie sich verlegen lassen.

Sie will so lange wie möglich kommunikationsfähig bleiben.

Abwägung

Der Wille der Patientin steht fest: Sie will eine adäquate Symptomkontrolle und keine lebensverlängernden Maßnahmen. Sie hat sich für eine rein palliative Behandlung entschieden. Aus medizinischer Sicht ist dem zuzustimmen. Die Behandlung der o.g. Symptome muss nun überprüft und ggf. optimiert werden. Nur bei erfolglosen Therapieversuchen und fortbestehender schwerer Symptomatik ist als letzte Maßnahme eine palliative Sedierung indiziert[24]. Nur so ließe sich auch der Schaden einer Lebenszeitverkürzung um eine kurze Spanne rechtfertigen.[25]

Ergebnis

Zusammen mit dem Palliativteam der Klinik und unter Zuhilfenahme einiger Fachspezialisten wird versucht, die symptomatische Therapie zu optimieren. Das gelingt nur teilweise. Vor allem die Atemnot und die Angstattacken bestehen fort und sind für die Patientin nicht erträglich. Die Indikation zur palliativen Sedierung wird gestellt. Die Patientin wird auf die Palliativstation verlegt, wo es große Erfahrung mit dieser Therapieform gibt. Die Sedierungstiefe kann dort eher flach gehalten werden und die Patientin bleibt weckbar und kommunikationsfähig. Sie stirbt aus ruhigem und wachem Zustand am fünften Tag in Anwesenheit ihrer Familie.

---

24 www.dgpalliativmedizin.de/images/210422_Broschuere_SedPall_Gesamt.pdf {Zugriff Februar 2024}

25 Juristisch: Indirekte Sterbehilfe; medizinisch: adäquate palliative Behandlung.

Anmerkung

Die palliative Sedierung ist immer die letztmögliche Maßnahme, nachdem alle anderen Versuche einer Symptomkontrolle versagt haben. Wenn die Indikation feststeht, sind die Tiefe und die Dauer der Sedierung an die Symptomatik anzupassen und gut zu dokumentieren.

Chorea Huntington

Situation

Eine 37-jährige Frau leidet seit drei Jahren an einer manifesten Chorea Huntington[26] mit deutlichen körperlichen sowie leichten intellektuellen Einschränkungen, sie hat öfter depressive Perioden. Sie lebt im Pflegeheim, braucht Hilfe bei den alltäglichen Verrichtungen und beim Essen. Mit Hilfe kann sie spazieren gehen. Ihr psychisches Tempo ist langsam. Sie hat eine amtliche Betreuerin, kann aber über Gesundheitsfragen selbst entscheiden. Ihr siebenjähriger Sohn lebt bei Pflegeeltern aus der weiteren Verwandtschaft, der Vater ist nicht interessiert.

Die Patientin will *Advance Care Planning* [ACP] machen, weil sie schon einmal wegen Aspiration auf einer Intensivstation lag und weil kürzlich eine Zimmernachbarin an Chorea gestorben ist. Der lebensrettende Aufenthalt auf der Intensivstation hat sie erschreckt, sie bricht in Tränen aus, wenn man heute darüber spricht. Hingegen fand sie die palliative Pflege der Nachbarin als sehr beruhigend. Sie habe ja gar nicht gewusst, dass es so etwas Hilfreiches gebe.

Für das erste Beratungsgespräch wurde eine sehr große Runde organisiert. Anwesend sind die Klientin, die Be-

---

26 Chorea Huntington (Veitstanz): Autosomal-dominant vererbte Erkrankung des Gehirns, die meist erst im Erwachsenenalter manifest wird. Die Patienten leiden unter psychischen Symptomen, Bewegungsstörungen und Muskelschwäche. Die Erkrankung führt zum Tod.

treuerin, die beiden Pflegeeltern des Sohnes, zwei Pflegende aus dem Heim, eine ACP-Gesprächsbegleiterin und eine Sozialpädagogin der Pflegeeinrichtung. Die Meinungen zu lebensverlängernden Maßnahmen und Palliativversorgung gehen weit auseinander. Das Gespräch wird immer wieder sehr emotional. Die Klientin sagt kaum etwas und macht einen zunehmend verschreckten Eindruck. Das zweite ACP-Gespräch ist in zwei Wochen geplant.

Analyse

Prinzipien: Die Patientin ist eingeschränkt autonom, aber für Gesundheitsfragen durchaus entscheidungs- und zustimmungsfähig. Sie hält eine palliative Versorgung für das Beste in ihrer Lage. Sie weiß, dass sie sterben wird und möchte diese letzte Lebensphase selbst gestalten. Unsere Fürsorge muss diesen Weg unterstützen.

Care-Ethik: Die Gesprächsrunde ignoriert, dass die Patientin völlig überfordert ist. Es fehlt an Achtsamkeit. Sie kann durchaus für sich selbst entscheiden, braucht aber dazu Ruhe und ein langsames Gesprächstempo. Sich überlagernde emotionale Gespräche kann sie gar nicht richtig wahrnehmen. Sie fühlt sich ausgeschlossen und glaubt, es werde über sie hinweg entschieden.

Abwägung

Bei diesem Beratungsgespräch steht die missglückte Kommunikation im Vordergrund. Wenn man mit einem eingeschränkt autonomen Menschen ein Gespräch über schwierige Themen, wie eine Patientenverfügung führen will, muss die Situation auf diesen Menschen abgestimmt werden. Eine große Runde, die kontrovers über die Patientin diskutiert, ist dafür völlig ungeeignet: Es soll nicht über sie, sondern mit ihr gesprochen werden. Dieses Beratungsgespräch ist für sie demütigend. Auffällig ist, dass die Beteiligten das nicht bemerken. Es scheint dort normal zu sein, über die Patienten, nicht mit ihnen zu sprechen.

Ergebnis

Das Beratungsgespräch wurde ergebnislos abgebrochen. Man konnte die widersprüchlichen Meinungen über die Patientin hören, aber nie die Meinung der Patientin selbst. Es ist schade, dass die Patientin durch diese Situation erschreckt wurde. Man muss sofort im Anschluss den Kontakt zu ihr suchen, um zu erfahren, wie sie sich fühlt. Falls sie trotzdem immer noch eine Beratung zur Vorsorgeplanung wünscht, sollte das Setting dieses Gesprächs so geplant werden, dass die Patientin im Mittelpunkt steht. Ihre Konzentrationsfähigkeit kann das Beratungsgespräch ebenso limitieren wie die körperliche Schwäche. Dann sind Folgetermine mit kurzen Themenkomplexen zu organisieren. Und weil ihr psychisches Tempo verlangsamt ist, darf kein Zeitdruck entstehen.

Anmerkung

ACP-Gespräche mit psychisch oder geistig Behinderten sind im Vorfeld gut zu planen. Man darf sie weder durch die Situation noch die Inhalte überfordern. Eine Hilfe für Berater ist das Modell der Diakonie Stetten.[27] In einfacher

---

[27] Frau Evelyn Franke bin ich für diesen Hinweis sehr dankbar: www.diakonie-stetten.de/aktuelles/details/diakonie-stetten-bietet-beratungsangebot-am-lebensende.html

Sprache und nach Themen aufgegliedert werden die ACP-Inhalte dargestellt.

Kolonkarzinom, Therapiezieländerung

Situation

Auf der chirurgischen Intensivstation wird ein 55 jähriger Mann behandelt, der mehrfach abdominell operiert werden musste. Ein Kolonkarzinom war leider nicht mehr kurativ zu entfernen gewesen, es konnte ein entlastender Anus praeter angelegt werden. Bei vorbestehendem Diabetes mellitus II und bekannter Arteriosklerose entwickelten sich jedoch postoperativ mehrfach Nahtinsuffizienzen und Abszedierungen, die insgesamt vier chirurgische Eingriffe erforderlich machten.

Vor der letzten Operation vor 5 Tagen bestand schon der Verdacht auf eine beginnende Sepsis, es wurde eine Kombination von Reserveantibiotika erforderlich. Nach diesem operativen Eingriff wurde der Kreislauf instabil. Seither wird der Blutdruck mit Volumengabe und Adrenalin gestützt; seit zwei Tagen steigen die benötigten Adrenalindosen an. Postoperativ war die Extubation nicht möglich, in den folgenden Stunden entwickelte sich ein respiratorisches Versagen. Der Patient wird nun seit vier Tagen kontrolliert beatmet; es werden zunehmend höhere Beatmungsdrucke benötigt. Der Verlauf der thorakalen CTs zeigt eine interstitielle Flüssigkeitseinlagerung mit dorsalen Konsolidierungen und beidseitigen Pleuraergüssen. Das Ausschwemmen der Flüssigkeit gestaltet sich schwierig, da sich die Nierenfunktion rasch verschlechtert (Kreatinin i.S. 8,2 mg/dl, Harnstoff 176 mg/dl; Tendenz ansteigend).

Heute wurde bei der Visite mit Chirurgen und Anästhesisten ausführlich über die medizinisch-technischen Möglichkeiten und über die prognostischen Erwartungen gesprochen. Man sah angesichts des nicht-kurativ operierten Kolonkarzinoms keine Indikation zur Einleitung einer Nierenersatztherapie und empfahl ab sofort palliative Therapieziele.

Dies wurde mit den sehr besorgten Angehörigen anschließend besprochen. Sie waren entsetzt über diesen »plötzlichen Sinneswandel« und bestanden darauf, dass weiterhin »alles gemacht« wird. Nach dieser Auseinandersetzung mit den Angehörigen ruft der chirurgische Oberarzt im Ethikkomitee an und will sich beraten lassen.

Analyse

Prinzipien: Der Patient ist nicht autonom, eine Patientenverfügung gibt es nicht. Man sollte die Ehefrau über ihr Recht auf Notvertretung[28] informieren. Der Wunsch der Angehörigen, »alles« zu machen ist menschlich verständlich. Ärzte können aber nur Behandlungen durchführen, die indiziert sind. Da keine kurativen Maßnahmen mehr möglich sind, befindet man sich in einer palliativen Situation. Das neue Therapieziel ist also die bestmögliche Beherrschung aller Symptome und nicht der Erhalt des Lebens; das bedeutet eine Therapiezieländerung. Es sollte versucht werden, die Kommunikationsfähigkeit des Patienten wenigstens zeitweise zu erhalten.

---

[28] § 1358 BGB.

Care-Ethik: Man kann mit dem Patienten zur Zeit nicht kommunizieren und erfährt so nicht seinen aktuellen Willen. Mit der Ehefrau und den Angehörigen muss deshalb der mutmaßliche Wille eruiert werden. Die Pflegekräfte wünschen sich die Unterstützung durch das ambulante Palliativteam der Klinik. Der Patient wird wahrscheinlich im Multiorganversagen sterben.

Abwägung

Mit den zuständigen Ärzten und den Pflegekräften wurde sorgfältig und ausführlich über diese Therapiezieländerung diskutiert. Alle Einwände und Bedenken wurden besprochen, z.B. auch die Frage der unterlassenen Hilfeleistung (es ist keine). Es war eine klinikinterne Leitlinie »Sterben auf Intensivstation« vorhanden. Sie wurde mit den Kollegen durchgesehen und diskutiert. Das Behandlungsteam hat festgelegt, wie die letzten Stunden des Patienten gestaltet werden können.

Ergebnis

Der leitende chirurgische Oberarzt und ein Mitglied des Ethikkomitees sprachen direkt im Anschluss der Teamberatung mit der Ehefrau und ihren Kindern. Es wurde ein sehr emotionales Gespräch, wie zu erwarten. Dabei wurde über die Grenzen der kurativen Medizin und die palliativen Möglichkeiten gesprochen.

In der Familie wurde noch nie ein Sterbender begleitet, aber nun wolle man beim Sterbeprozess am Bett dabei sein. Mit den Pflegekräften zusammen wurde diese Begleitung ermöglicht. Den Kindern hat die Ansprache durch die Psychoonkologen sehr geholfen.

Leberversagen

Situation

Eine 46-jährige Frau hat seit 17 Jahren eine Autoimmunhepatitis. Die Folgen sind: Portale Hypertension, Ösophagusvarizen, hypertensive Gastropathie, Splenomegalie. Außerdem bestehen eine Fibromyalgie, eine Adipositas, ein Zustand nach Appendektomie sowie nach Herniotomie in der rechten Leiste.

Aktuell entstand eine abdominale Aktinomykose [29] bei Platzbauch nach sieben Darmoperationen und nach vielen Wundrevisionen. Die Autoimmunhepatitis ist dekompensiert, es entwickelte sich ein Leberversagen mit Gerinnungsstörung, Ösophagusvarizenblutung und hoher Aszitesproduktion. Es gibt den Ultraschallbefund einer Pfortaderthrombose. Man findet trotz Behandlung mit Reserveantibiotika regelmäßig Darmbakterien und Aktinomyces-Keime in der Ascitesflüssigkeit. Die Patientin ist beatmet und entsprechend sediert und relaxiert. Die Vitalparameter sind unter Intensivbedingungen stabil. Eine kurative chirurgische oder interventionelle Therapieoption gibt es nicht mehr. Eine Lebertransplantation kommt nach Ansicht der Chirurgen bei dieser Gesamtsituation nicht mehr in Betracht.

---

[29] Aktinomykose ist eine hartnäckige bakterielle Infektion, die durch Keime der Aktinomyzes-Gruppe hervorgerufen wird.

Die Pflegekräfte sind der Meinung, dass die Patientin auf Dauer nur noch mit maximaler Intensivtherapie überleben kann: Das könne doch nicht das Therapieziel sein. Der Ehemann der Patientin weist auf den kämpferischen Charakter seiner Frau hin; sie habe stets alle Behandlungen mitgemacht, um am Leben zu bleiben.

Analyse

Prinzipien: Die Patientin ist derzeit nicht autonom, der Ehemann hat das Notvertretungsrecht (nach § 1358 BGB). Er besteht darauf, dass seine Frau leben will; dafür habe sie zeitlebens gekämpft. Dem steht die ärztliche Indikation gegenüber. Sie wird durch die Begrenzung der medizinischen Therapiemöglichkeiten eingeschränkt. Alle Therapieformen haben ihre Grenzen der Wirksamkeit und des zumutbaren Schadens. Nachdem die Chirurgen keine operativen Optionen mehr sehen, werden die Gastroenterologen hinzugezogen. Sie können nachvollziehbar begründen, warum die Autiommunhepatitis in ihr Endstadium gekommen ist.

Care-Ethik: Die Pflegekräfte weisen darauf hin, dass es für die Patientin wichtiger wäre, friedlich sterben zu dürfen. Alle lebenserhaltenden Maßnahmen seien lediglich ein Hinauszögern des Sterbeprozesses. Den Angehörigen müsse endlich reiner Wein eingeschenkt werden. Man werde gerne mit dem Palliativteam des Klinikums zusammenarbeiten.

Abwägung

Der Ehemann als Notvertreter hat selbstverständlich das Recht, den mutmaßlichen Willen zu vertreten, dass seine

Frau überleben wolle. Ärzte brauchen aber eine Indikation für ihre Handlungen.

(1) Käme noch eine Lebertransplantation in Betracht, sollte man die maximalen lebenserhaltenden Maßnahmen bis zur endgültigen Entscheidung darüber fortführen. Noch während der Ethikberatung wird ein Lebertransplanteur telephonisch hinzugezogen. Er kennt den Fall schon aus früheren Kontakten und begründet, warum diese Patientin keine Spenderleber bekommen werde.

(2) Das reine Überleben auf einer Intensivstation kann nicht das Therapieziel sein. Das Ziel einer Intensivtherapie ist immer, so weit zu behandeln, bis der Patient diese Station zur Weiterbehandlung oder Rehabilitationsmaßnahme wieder verlassen kann (was leider nicht immer gelingt). Die Wahrscheinlichkeit, dass diese Patientin wieder auf eine Allgemeinstation verlegt werden kann, ist extrem gering. Das Endstadium einer Erkrankung ist intensivmedizinisch grundsätzlich kritisch zu betrachten. Wenn die akute Prognose einer akuten Erkrankung sich durch Intensivtherapie verbessern lässt, wäre diese hochtechnische Therapieform sinnvoll, auch wenn die Prognose längerfristig schlecht wäre.[30]

(3) Auch bei dieser Ethikberatung musste das Argument einer »unterlassenen Hilfeleistung«[31] diskutiert werden, falls das Therapieziel in Richtung palliative Behandlung geändert werde. Es handelt sich im besprochenen Fall nicht darum.

(4) Sehr ernst zu nehmen ist der Einwand, man würde durch die aktuelle lebenserhaltende Behandlung den Ster-

---

30 Analog zu § 5 IfSG.
31 § 323c StGB.

beprozess hinauszögern, denn das wäre inhuman und grob unmoralisch. Um diese Frage zu beantworten, muss der verantwortlich behandelnde Arzt (schriftlich) festlegen, dass die Fortführung der Intensivbehandlung nicht mehr indiziert ist, weil ein kuratives Therapieziel fehlt. Dann muss das palliative Therapieziel festgelegt werden. Das bedeutet bei Absetzen der lebenserhaltenden Maßnahmen die palliative Begleitung des Sterbeprozesses.

Ergebnis

Zunächst wird festgelegt, dass bis zur nächsten Frühschicht-Visite genügend Zeit ist. Es besteht keine Eile, denn der Allgemeinzustand ist derzeit stabil. Man kann dann in Ruhe mit dem zuständigen Facharzt, dem Chefarzt, der leitenden Pflegekraft und dem Ethikberater über die Therapiezieländerung diskutieren. Das Behandlungsteam nimmt diesen Entscheidungsprozess also keineswegs auf die »leichte Schulter«. Der Chefarzt will sicher gehen, dass seine Entscheidung zur Therapiezieländerung hieb- und stichfest ist. Das Rechtsbüro des Klinikum bestätigt ihm dies. Das Beratungsprotokoll wird nun auch von ihm mit »einverstanden« unterschrieben.

Pankreatitis

Situation

Eine 67-jährige Patientin wird wegen kompliziert verlaufender chronischer Pankreatitis zunächst internistisch, später chirurgisch auf Intensivstationen behandelt. Die Erkrankung ist bisher nicht sanierbar gewesen. Es besteht eine protrahierte Sepsis mit Enzephalitis, die Patientin wacht nicht auf, obwohl die Sedierung ausgesetzt wurde. Das Kreislaufversagen ist adrenalinbedürftig, das Nierenversagen dialysepflichtig. Ihr Abdomen wird drainiert und gespült. Wegen ausgedehnter Verwachsungen ist es chirurgisch nicht mehr zugänglich. Es gab kürzlich eine abdominelle Blutung, die glücklicherweise konservativ beherrscht wurde. Die zerebrale CT zeigt ein morphologisch unauffälliges Gehirn.

Chirurgischerseits ist ein kuratives Therapieziel nicht mehr zu bestimmen. Die Anästhesisten halten die Vitalparameter der Patientin stabil. Sie ist jedoch nur noch auf einer Intensivstation überlebensfähig. Der Ehemann der Patientin kann die fatale Situation nicht akzeptieren. Er besteht auf Maximaltherapie. Es wird eine Ethikberatung angefordert.

Analyse

Prinzipien: Die Patientin ist nicht ansprechbar. Der Ehemann ist für die nächsten sechs Monate ihr Patientenvertreter.[32] Es ist das gute Recht des Notvertreters, die maximal mögliche Therapie zu fordern. Allerdings gehört zur ärztlichen Fürsorgepflicht (Benefizienz) und zur Schadenabwehr (Non-Malefizienz) die gute Indikation zur Therapie. Wenn nach gründlicher Diskussion und reiflicher Überlegung kein kurativer Therapieansatz mehr gefunden werden kann, darf eine kurative Therapie nicht einfach indikationslos fortgesetzt werden. Man muss dann über palliative Therapieziele nachdenken. Nun haben Ärzte im Notfall immer eine Garantenstellung[33] und auf einer Intensivstation liegen meist Notfälle. Allerdings hat jede Medizin ihre Grenzen und Unmögliches kann nicht eingefordert werden. Eine Therapiezieländerung ist also durchaus möglich. Ein Gerechtigkeitsproblem könnte dadurch entstehen, dass die Patientin einen Intensivpflegeplatz blockiert.

Care-Ethik: Die Aufgabe wird sein, sich um den verständlicherweise überforderten Ehemann zu kümmern. Er braucht möglichst *einen* kompetenten Ansprechpartner aus dem Team. Eine Diskussion über verschiedene medizinische Meinungen des Behandlungsteams durch verschiedene Mitarbeiter wird ihm nicht helfen.

Abwägung

Da ein kuratives Therapieziel fehlt, muss palliativ weiter behandelt werden. Das bedeutet den Abbau der lebenserhaltenden Maßnahmen. Die Folge wird sein, dass die Patientin stirbt. Wie dieses Sterben gestaltet wird, muss im Behandlungsteam besprochen werden. Dabei muss man

---

32 § 1358 BGB.
33 § 13 StGB.

Rücksicht auf den Ehemann nehmen, der wahrscheinlich anwesend sein möchte. Auch das Behandlungsteam soll Abschied nehmen können. Es hat sich bewährt, ein stationsinternes (oder klinikinternes) Procedere[34] festzulegen, das allen Bedürfnissen am ehesten entspricht. Sterbende darf man nicht mehr verlegen.

Ergebnis

Der Ehemann wird auf die palliative Situation vorbereitet, seelsorgerische und/oder psychologische Unterstützung wird ihm angeboten. Die lebenserhaltenden Maßnahmen werden schrittweise reduziert und dann abgesetzt. Falls erforderlich, könnte die Patientin durch palliative Sedierung abgeschirmt werden, wenn sich Symptome nicht anders beheben ließen. Falls erforderlich wird das ambulante Palliativteam unterstützend helfen.

---

[34] Siehe M. Schmidt: Praktische Ethik im Gesundheitswesen, Königshausen & Neumann, Würzburg 2019, p.115ff.

Therapiebegrenzung?

Situation

Ein 72-jähriger Patient liegt seit sechs Wochen auf der Intensivstation. Er leidet an einer inzwischen abklingenden beidseitigen Pneumonie und an einem akuten Nierenversagen. Bei respiratorischer Insuffizienz musste er relativ lange kontrolliert beatmet werden. Die Entwöhnung vom Respirator verläuft jetzt erfolgreich. Es bestand schon vorher eine noch kompensierte Niereninsuffizienz; sie ist seit vier Wochen dialysepflichtig bei Anurie. Außerdem bestehen ein Diabetes mellitus, eine Herzinsuffizienz, eine arterielle Verschlusserkrankung mit Z.n. Apoplex (Hemiparese) und Gangrän an den Füßen (diabetischer Fuß?) sowie eine Adipositas permagna mit 195 kg. Er ist stuhlinkontinent. Wegen einer Besiedelung (oder Infektion) mit diversen antibiotikaresistenten Problemkeimen muss er isoliert werden. Aktuell ist sein Zustand nicht mehr lebensbedrohlich, er ist jedoch immer noch schwer krank.

Der Patient lebte vor der aktuellen Erkrankung in einem Pflegeheim, es gibt keine Angehörigen mehr. Dort wurde er u.a. mit Spezialbett und Hebegerät gepflegt und war im Elektrorollstuhl mobil. Pflegekräfte des Klinikums sprechen von einem sehr guten Pflegezustand, wobei die Pflege dieses Patienten dort sicher nicht einfach war. Aus dem Pflegeheim werden diverse Verhaltensauffälligkeiten berichtet, die für Missstimmung unter den Pflegekräfte sorgten: Er war unkooperativ bei der Körperpflege; er ließ immer alles fallen, liegen und stehen; er rollte gerne und schnell mit seinem Elektrorollstuhl durch die Gänge und gefährdete andere; wenn ihm das Essen nicht schmeckte fuhr er zum Kiosk an der Straßenecke und kaufte Currywurst und Bier.

Obwohl die medizinische Lage sich nun langsam verbessert (Extubation, Abklingen der Infektionszeichen), bestehen Bedenken, bei ihm ein chronisches Dialyseprogramm zu etablieren. Der Patient sei nur mit Spezialtransport beweglich und das dreimal wöchentlich. Ob man eine Dialyseeinheit finde, die ihn unter diesen Bedingungen ambulant behandeln könne, sei fraglich. Falls sich eine Verschlimmerung des Zustands einstelle, wird diskutiert, ob man ihn wieder beatmen müsse einschließlich Intubation und Tracheotomie. Als mögliches Endergebnis wird eine ambulante Heimbeatmung befürchtet. Das wäre bei diesem unkooperativen Patienten sicherlich extrem komplikationsträchtig.

Die Diskussion spitzt sich seit zwei Tagen im Team zu: Soll man Therapieziele verfolgen, die nur mit extremem Aufwand an Geld, Material und Pflegekraft umsetzbar sind (wenn überhaupt), obwohl dieser Patient eine solch unsoziale Vorgeschichte hat, völlig unvernünftig lebt und alle Präventionsmaßnahmen ablehnt?

Analyse

Prinzipien: Der Patient ist unkooperativ und sozial unangepasst, aber autonom. Wenn er Behandlungen ablehnt, ist das eine rechtlich bindende Entscheidung. Das reibt sich mit unserer Einstellung, etwas Gutes für seine Gesundheit tun zu wollen. Wir denken, dass präventive Maßnahmen die Arteriosklerose verlangsamen und ihm Lebenszeit schenken würden. Er hat offensichtlich andere Vorstellungen des Guten. Immerhin haben wir Schaden abzuwenden, soweit dies in unserem Einflussbereich liegt. Unter Gerechtigkeitsaspekten darf er nicht benachteiligt werden. Der Vorwurf, er sei ja selbst schuld an seinem schlechten Gesundheitszustand, ist moralisch irrelevant: Alle Menschen sollen einen bedingungslosen Zugang zur medizinischen Versorgung erhalten.

Care-Ethik: Der Patient ist extubiert und kann deshalb (mit Mühe) sprechen. Mit ihm ist bisher nicht ernsthaft darüber geredet worden, was er für wichtig hält. Er kam ja beatmet über die Notaufnahme. Es sind einige Fragen anzusprechen, z.B. wie stellt er sich jetzt seine weitere Genesung vor? Wie steht er zu einer Rehabilitationsmaßnahme? Sein bisheriger Lebensstil wird zumindest durch die dreimal wöchentliche Dialyse eingreifend verändert werden. Wie steht er zur dann notwendigen Reduktion der Trinkmenge und zur harnstoffsenkenden Diät?

Abwägung

Dass ein Patient aus unserer Sicht unvernünftig ist, ärgert uns. Aber autonome Menschen dürfen »unvernünftig« sein und wir haben das zu respektieren. Diese Patienten haben sicher ihre Gründe, mit unseren Behandlungsvorschlägen nicht einverstanden zu sein. Unsere Aufgabe ist es, diese Gründe zu erforschen. Dabei gilt unser Ethos, das der Weltärztebund im Genfer Gelöbnis[35] zusammengefasst hat. Die entsprechenden Passagen lauten:

---

35 https://www.wma.net/what-we-do/medical-ethics/declaration-of-geneva/deklaration-von-genf-de-2017/ {Zugriff Dezember 2023}

»Ich werde die Autonomie und die Würde meiner Patientin oder meines Patienten respektieren.« »Ich werde nicht zulassen, dass Erwägungen von Alter, Krankheit oder Behinderung, Glaube, ethnischer Herkunft, Geschlecht, Staatsangehörigkeit, politischer Zugehörigkeit, Rasse, sexueller Orientierung, sozialer Stellung oder jeglicher anderer Faktoren zwischen meine Pflichten und meine Patientin oder meinen Patienten treten.«

Damit ist auch schon festgelegt, wie wir mit einer selbstverschuldeten Erkrankung umzugehen haben: Wir haben sie zu behandeln. Außerdem ist es keineswegs sicher, dass alle diese Erkrankungen zu 100% selbstverursacht sind. Es gibt bei allen Ätiologien immer einen starken genetischen und Umweltzusammenhang. Ob außerhalb von Studien die Erkenntnisse der Präventivmedizin im konkreten Einzelfall tatsächlich eine Erkrankung günstig beeinflussen werden, ist immer noch umstritten.[36]

Es ist für die Entscheidungen des Patienten eher kontraproduktiv, wenn viele Mitarbeiter emotionsgeladen auf ihn einreden. Das soll ein kompetenter Gesprächspartner übernehmen, z.B. ein gesprächserfahrener älterer Facharzt oder ein Psychologe. Wie der Patient im Pflegeheim weiter versorgt werden kann, ist kein leichtes, aber vorwiegend ein organisatorisches Thema. Auch bei dieser Aufgabe sind Emotionen eher hinderlich.

Ergebnis

Der Patient, der sich offensichtlich im Genesungsprozess befindet, muss weiter ordentlich behandelt werden. Man

---

[36] Siehe u.a. Cornelius Borck: Medizinphilosophie, Junius Verlag Hamburg 2016, p.80ff.

darf sich nicht nur auf die Auskünfte auswärtiger Pflegekräfte verlassen, sondern muss mit ihm selbst kommunizieren. Es braucht ein gemeinsames Therapieziel und Zustimmung zu den Behandlungswegen. Ganz offensichtlich bestehen große organisatorische Aufgaben für eine Versorgung nach der Zeit auf der Intensivstation. Man hat aber noch ausreichend Zeit für diese Organisation. Die Vorstellung, dass Patienten mit »selbstverschuldeten« Krankheiten nicht ordentlich behandelt werden sollten, ist mit unserem Ethos nicht vereinbar (und juristisch unter Umständen strafbar).

Ethnie und Hirntod

Situation

Eine 47-jährige Patientin aus den Vereinigten Emiraten lebte seit Jahren in Deutschland als Geschäftsführerin. Sie leitete hier den deutschen Zweig einer international tätigen Familienfirma. Bis auf Gallenkoliken war sie immer gesund, leistungsfähig, sportlich. Jetzt kam sie zu einer minimal invasiven Gallenblasen-Entfernung in eine Chirurgische Klinik. Bei der laparoskopischen Operation wurde ein großes Blutgefäß verletzt. Die massive Blutung konnte nach Umstellung auf offene Operation beherrscht werden.

Postoperativ entwickelte sich eine Sepsis. Sonographisch und computertomographisch wurde der Verdacht auf einen Abszess im Operationsgebiet geäußert. Die Relaparotomie bestätigte dies, es wurden Drainagen eingelegt und die Flüssigkeit abgeleitet. Die mikrobiologische Untersuchung der Drainageflüssigkeit zeigte einen weitgehend antibiotikaresistenten Krankenhauskeim. Es erfolgte die Umstellung auf Reserveantibiotika und die übliche Patientenisolierung. Leider war die Sepsis nicht beherrschbar und der resistente Keim blieb weiter nachweisbar.

Die Patientin wurde wegen Beatmungs- und Kreislaufproblemen ins Universitätsklinikum verlegt. Nach inzwischen 11 postoperativen Tagen wurde der Kreislauf mit Adrenalin unterstützt, wegen Nierenversagen wurde kontinuierlich dialysiert, wegen Lungenversagen wurde kontrolliert beatmet. Seit zwei Tagen konnten Sedierung, Analgesie und Muskelrelaxation weitgehend reduziert werden. Die Aufwachversuche verliefen negativ: Die Patientin wachte nicht auf.

Die vier sehr besorgten Brüder der Patientin, Geschäftsleute in verschiedenen Ländern, treffen sich an einem Sonntagvormittag auf der Intensivstation und bitten den diensthabenden Stationsarzt um Aufklärung. Der ruft seinen Oberarzt und dieser bittet um eine akute Ethikberatung. Wir versuchen, eine rationale und entspannte Gesprächssituation herzustellen und besprechen die noch fehlenden Befunde. Vor allem ist die zerebrale Situation klärungsbedürftig.

Sowohl der neurologische wie der internistische Konsiliararzt sprechen nach ihren körperlichen Untersuchungen von einem sehr wahrscheinlichen Hirntod. Sie schlagen eine computertomographische Darstellung der Hirnblutgefäße vor. Die Brüder stimmen zu. Die Bilder zeigen die fehlende Durchblutung von Groß-, Klein- und Stammhirn. Die Patientin ist hirntod, der Zeitpunkt dieser radiologischen Diagnose gilt als Todeszeitpunkt.

Wir erklären den Brüdern, was Hirntod in Deutschland bedeutet und welche Folgen diese Diagnose hat: Beendigung der lebenserhaltenden Maßnahmen unter adäquater palliativer Abschirmung. Die vier Brüder bitten um Bedenkzeit und telefonieren mit Juristen und Ärzten in den Emiraten, England und USA. Nach einer dreiviertel Stunde trifft man sich in einem Konferenzraum. Es gibt kein medizinisches, sondern ein religiöses und ein kulturelles Problem. Ihre Religion kennt keinen Hirntod sondern nur den Tod des ganzen Menschen. Die Brüder sehen ihre Schwester nicht als Tote sondern als Sterbende. Außerdem dürfen in ihrem Kulturkreis die Kinder den Eltern keine schlechten Botschaften überbringen. Sie wissen nicht, wie sie das Sterben der Schwester ihren Eltern vermitteln können.

Analyse

Prinzipien: Nach deutschem Verständnis ist die Patientin tot. Die erforderliche Hirntoddiagnostik wurde korrekt durchgeführt. Die medizinethischen Prinzipien Respekt der Autonomie, Gutes tun und nicht schaden, sowie Gerechtigkeit gelten für Lebende. Selbstverständlich ist mit einem Leichnam respektvoll umzugehen.

Care-Ethik: Auch care-ethisch sorgt man sich um Lebende. Es werden allerdings die Angehörigen in die Sorge einbezogen. Der Auftrag ist nun, sich um die Angehörigen zu kümmern.

Abwägung

Bei einem toten Patienten kann es nur noch um den würdigen Umgang mit dem Leichnam gehen. Dabei sind die religiösen und kulturellen Überzeugungen der Angehörigen zu respektieren. Durch die Telephonate sind die Brüder schon darauf vorbereitet, dass die lebenserhaltende Therapie beendet wird. Wir berücksichtigen aber ihre Überzeugung der noch sterbenden Schwester und überlegen, wie wir sie in den Tod des ganzen Körpers begleiten können. Die Brüder wollen abwechselnd am Bett der Schwester wachen. Die Pflegekräfte stimmen sofort zu und könnten sich gut darauf einstellen. Der Oberarzt zieht den Chefarzt hinzu und der stimmt dem vereinbarten Vorgehen zu.

Die zweite Frage, wie man nämlich den Eltern diese schlechte Botschaft ohne Verletzung der örtlichen Sitten überbringen könnte, ist noch ungelöst. Eine Krankenschwester mit arabischem Familienhintergrund schlägt vor, einen ihr bekannten Imam einzuschalten.

Ergebnis

Der Herztod, den die vier Brüder als Zeichen für den Tod des ganzen Körpers ansahen, trat etwa zwei Stunden nach Beendigung der lebenserhaltenden Maßnahmen ein. Die hirntote Patientin machte auf die Brüder den Eindruck, in ihren Tod hinüber zu schlafen. Alle vier konnten sich von ihr würdig verabschieden. Der Imam kam vorbei und sprach die erforderlichen Gebete. Er übernahm auch die unerfreuliche Aufgabe, mit den Eltern zu telephonieren.

Anmerkung

Dieser Fall führte zu einer Diskussion innerhalb der Belegschaft, wie man mit den weltanschaulichen Haltungen der Patienten aus anderen Ethnien umgehen solle. Bei allen entsprechenden Konflikten sollte niedrigschwellig eine Ethikberatung angefordert werden. Und die klinischen Ethikberater brauchen eine Schulung zu ethnischen Moralfragen.

Geistig Behinderter auf Intensivstation

Situation

Ein geistig schwer behinderter 38-jähriger Mann mit Morbus Down lebt seit fast 20 Jahren im Heim. Er wurde über Monate hinweg langsam niereninsuffizient. Nach langen Diskussionen zwischen Familie, Heimleitung und Ärzten entschloss man sich, den Patienten ins chronische Dialyseprogramm aufzunehmen. Der Patient versteht allerdings überhaupt nicht, was man mit ihm vorhat. Schon die Anlage eines arteriovenösen Unterarmshunts war von Aggression und Wutausbrüchen begleitet.

Nur mit massivem körperlichen Einsatz des Dialysepersonals war später die Punktion des Shunts und der Anschluss an das Dialysegerät möglich. Bei diesem ersten Dialysetermin erlitt der Patient einen Kreislaufstillstand. Er wurde reanimiert und beatmet in die Universitätsklinik gebracht. Hier wurde ein großer Hinterwandinfarkt entdeckt und akut ein aortokoronarer Venenbypass gelegt, weil eine Koronar-Stent-Implantation nicht möglich war. Es scheint ein familiäres Risiko zu geben: Vater und Onkel hatten Herzinfarkte.

Zur Zeit wird er maximal intensivmedizinisch behandelt (Beatmung, extrakorporale Membran-Oxigenierung [ECMO], Dauerdialyse, medikamentöse Kreislaufunterstützung). Die Entwöhnung von der ECMO macht Fortschritte. Beatmung und eine kontinuierliche Dialyse werden fortgeführt. Der Patient scheint sich langsam zu erholen. Die Situation des Gehirns nach der Reanimation ist zur Zeit nicht sicher zu beurteilen; bei nachlassender Sedierung bewegt sich der Patient und reagiert auf Reize.

Es entsteht nun im Behandlungsteam eine Diskussion über zwei Fragen: (1) Falls eine lebensbedrohliche Komplikation auftreten sollte, würde man dann erneut reanimieren? Wenn sich die Situation langsam verschlimmert, würde man dann die Therapie nicht mehr erweitern? (2) Aktuell wird kontinuierlich dialysiert, was außerhalb der Intensivstation nicht praktikabel ist. Soll dieser Patient ins chronische Dialyseprogramm aufgenommen werden, obwohl er durch diesen Stress schon einmal großen Schaden erlitten hat? (3) Andererseits will man nicht in den Verdacht geraten, nur wegen der geistigen Behinderungen eine sinnvolle Behandlung abzubrechen oder einzuschränken oder gar nicht erst zu beginnen.

Vor allem die Familie bittet um eine medizinethische Beratung. Eine Schwester des Patienten ist zur amtlichen Betreuerin bestellt und ratlos. Am selben Abend bittet auch das Behandlungsteam um Beratung. Sie findet am nächsten Morgen in großer Runde statt.

Analyse

Prinzipien: Der Patient war nie autonom und hatte zunächst seine Eltern als natürliche, später seine Schwester als bestellte Betreuer. Diese Schwester ist von der komplexen medizinischen Situation ebenso überfordert wie die restliche Familie. Was ist gut für den Patienten, was wäre von Nutzen und wie kann Schaden von ihm abgewendet werden? Aktuell verbessern sich die Vitalparameter unter maximaler technischer Behandlung. Es besteht also keine Eile, man kann in Ruhe über alle Aspekte diskutieren. Außerdem wird man bei tendenzieller Verbesserung die Intensivtherapie fortsetzen.

Bei fortschreitender Niereninsuffizienz wird es zu Folgekrankheiten durch die überhöhte Harnstoffkonzentration im Körper kommen und letztlich zum Tod. Eine Hämodialyse führt nicht zur Gesundung, sondern verlängert die Lebenserwartung um bis zu 15 Jahre. Wobei diese Methode auch mit Komplikationen und Folgeerkrankungen verbunden ist. Zu bedenken ist ebenfalls, dass ein Mensch nicht wegen einer Behinderung als solcher von Therapien ausgeschlossen werden darf.

Care-Ethik: Die Betreuerin (und leibliche Schwester) fühlt sich unzureichend informiert. Das geschehe immer »zwischen Tür und Angel.« Ihr kranker Bruder solle jede sinnvolle Behandlung bekommen. Wie es nach der Intensivstation mit ihm weitergehe, beschäftigt sie sehr. Sie fragt sich auch, ob der frühere Entschluss, ihn ins chronische Dialyseprogramm aufzunehmen, richtig gewesen sei. Wenn ihr Bruder wieder aufwache, wird er über die Intensivstation sehr erschrecken. Man könne doch versuchen, Mitarbeiter des Behindertenheims, die er gut kenne, in die Pflege zu involvieren.

Abwägung

Die medizinische Situation verbessert sich, wenn auch sehr langsam. Man wird die aktuelle Behandlung fortsetzen mit dem übergreifenden Fernziel, den Patienten in ambulante Behandlung zu entlassen. Bis dahin werden kleinere, kurzfristige Therapieziele formuliert, z.B. die Entwöhnung von der ECMO, z.B. der Übergang von kontrollierter zu unterstützender Beatmung etc. Falls sich Komplikationen einstellen, müssen sie, wie bei jedem Nichtbehinderten behandelt werden, wenn eine Indikation dazu besteht und die Betreuerin zustimmt. Über die spätere Behandlung der Niereninsuffizienz muss aktuell nicht entschieden werden, weil zunächst die kurzfristigen Ziele erreicht werden müssen. Man setzt eine weitere Gesprächsrunde mit dem Ethikkomitee, den ärztlichen Spezialisten und der Familie fest.

Ergebnis

Der Patient erholte sich innerhalb zweier Wochen so weit, dass er auf eine Allgemeinstation entlassen werden konnte. Dabei war die Begleitung durch Mitarbeiter des Behindertenheimes sehr hilfreich. Nach ausführlicher Diskussion zur Indikation einer chronischen Dialyse wurde ein kontrollierter Versuch gemacht. In Anwesenheit des Lieblingspflegers aus dem Heim und seiner Schwester sollte die Punktion der Shuntvene erfolgen. Jenseits des Flurfensters beobachteten die zuständigen Oberärzte und ein Klinischer Ethikberater den Vorgang. Als Blutdruck und Herzfrequenz die Grenzwerte sprengten, wurde der Versuch abgebrochen. Nach wenigen Tagen konnte der Patient auf Allgemeinstation und dann ins Behindertenheim verlegt werden. Er starb dort in palliativer Begleitung nach sieben Wochen.

Nachbesprechung

Es gab daraufhin zwei retrospektive Besprechungen. Mit dem Team der Intensivstation wurde die Indikation zur Intensivbehandlung bei Behinderten besprochen, was sehr viel später durch § 5c des IfSG bestätigt wurde. Entscheidend ist die akute Prognose für den Zugang zur Intensivbehandlung. Wenn diese verbessert werden kann, spielt die Gesamtprognose eine untergeordnete Rolle.

Mit der Familie wurden die sehr unterschiedlichen Erwartungen an die notwendige Therapie und die Grenzen der Medizin besprochen. Hier war ein Krankenhausseelsorger (und Mitglied im Ethikkomitee) sehr hilfreich. Ganz offensichtlich gehen in der Bevölkerung die Vorstellungen zur medizinischen Behandlung Behinderter weit auseinander.

Aus dem Behindertenheim erreichte uns später eine Nachricht. Die palliative Betreuung des Patienten bis zu seinem Tod hatte die Institution an ihre Grenzen gebracht. Für die übliche Versorgung der Klienten sind dort nur einige wenige Krankenpfleger erforderlich. Die mussten sich nun ganztägig, zusammen mit dem Hausarzt, um unseren Patienten kümmern. Glücklicherweise kam schnell eine Mitarbeiterin der lokalen Spezialisierten Ambulanten Palliativversorgung (SAPV) zur Hilfe.

Antikörpermangel-Syndrom mit Bronchiektasie

Situation

In der Lungen-Sprechstunde der Universitätsklinik wurde eine damals 19-jährige Frau vorgestellt. Sie hatte eine geistige Behinderung seit früher Kindheit, angeblich als Impfschaden. Ihr intellektueller Stand entsprach etwa einer Sechsjährigen. Sie hatte noch keine Pubertät und einen entsprechend kindlichen Körperbau. Außerdem bestand ein kleiner Vorhofseptumdefekt des Herzens, eine Schwerhörigkeit, eine leichte Sehschwäche und eine Bronchiektasie beider Lungen bei einem angeborenen Antikörper-Mangelsyndrom [CVID].[37] Es handelte sich um einen nachgewiesenen B-Lymphozyten-Defekt. Wegen dieses CVID kam sie zu uns.

Nachdem die Diagnose gestellt war, besprach man ausführlich die Infusionstherapie mit Antikörpern. Die Patientin wollte nicht immer wieder schwer erkältet sein. Dann konnte sie nämlich nicht in der Werkstatt für behinderte Menschen arbeiten. Das war ihr ganz besonders wichtig. Sie sagte, Kranksein sei langweilig. Sie wolle nicht den ganzen Tag nur zu Hause herumliegen. Deshalb solle man ihr die Infusionen ruhig regelmäßig geben. Die sehr besorgten Eltern waren anfangs skeptisch, stimmten aber der Behandlung zu. Es zeigte sich, dass die Patientin alle

---

[37] Common Variable Immunodeficiency Syndrom, CVID. Bei dieser Patientin fehlten die Immunglobuline G und A.

drei Wochen eine Antikörper-Infusion brauchte. Eine ebenfalls mögliche subkutane Gabe ambulant durch die Eltern funktionierte nicht. Die hohen Kosten der Therapie regelte die Klinikverwaltung mit der Krankenkasse.

Über einige Jahre hinweg konnte der körperliche Zustand so stabilisiert werden. Als die Patientin trotzdem eine schwere Pneumonie bekam, wurde sie in ein auswärtiges Krankenhaus eingewiesen und antibiotisch behandelt. Sie entwickelte schnell eine Sepsis. Nach CVID-Therapieplan hätte sie jetzt sofort eine zusätzliche Antikörperinfusion bekommen müssen; sie bekam sie aber nicht. Die Pharma-Firma bot an, eine Antikörperinfusionslösung den Eltern auszuhändigen, die diese dann in das Krankenhaus transportieren wollten. Es wäre so dort kein Kostenproblem entstanden. Die Eltern waren verzweifelt und riefen immer wieder in der Lungensprechstunde an. Man schlug die Übernahme vor und organisierte schon einen Platz über die Notaufnahme. Sie starb leider noch vor der Verlegung.

Das Ambulanzteam erbat eine retrospektive Fallbesprechung: Wurde sie als geistig Behinderte nicht ausreichend ernst genommen und deshalb unzureichend behandelt?

Analyse

Prinzipien: Die Patientin war nie entscheidungs- oder zustimmungsfähig. Beide Eltern waren bei der über Achtzehnjährigen als Betreuer bestellt. Man konnte von der Patientin dennoch erfahren, was sie nicht wollte und welche Behandlung sie erdulden möchte. Zusammen mit den Eltern wurden solche Gespräche öfter geführt, um so Therapieziele gemeinsam festzulegen. Gutes konnte man der Patientin tun, wenn sie die Gemeinschaft in der Werkstatt erleben durfte und eine für sich sinnvolle Tätigkeit ausüben konnte. Wichtig war ihr eine möglichst große Selbständigkeit trotz Behinderung. Die wiederkehrenden Ambulanzbesuche und die Venenpunktionen empfand sie nie als Schaden. Sie kam gerne und achtete sehr auf regelmäßige Termine. Die Infusionstherapie mit Immunglobulin ist relativ teuer und muss aus Gerechtigkeitsgründen den Kostenträgern gegenüber jeweils eigens begründet werden. Das ließ sich über die Klinikverwaltung organisieren.

Care-Ethik: Alle Beteiligten in der Ambulanz waren aufmerksam und achtsam. Die Patientin wurde jedesmal zu Wirkung und Nebenwirkung der Infusionen befragt. Ihren Wünschen wurde gefolgt, soweit es eine medizinische Indikation dafür gab. Sie wurde fast immer vom selben Arzt und der selben Pflegekraft versorgt, denen sie ihr besonderes Vertrauen entgegenbrachte. Fachliche und menschlich-soziale Kompetenzen waren im Team sicher vorhanden. Leider gab es ein Problem in der Zusammenarbeit mit der auswärtigen Klinik. Ob dort die fachliche Kompetenz ausreichend war, muss man eher skeptisch sehen. Auch die Eltern haben die Brisanz der bei CVID rasch fortschreitenden Lungen-Infektion nicht rechtzeitig erkannt und waren anschließend nicht durchsetzungsstark genug.

Abwägung

Man sah keine prinzipiellen Konflikte, es gab jedoch im Feld der Care-Ethik einige Defizite. Man konnte sehr im Zweifel sein, ob die Gefahr eines tödlichen Ausgangs der Lungenentzündung eines CVID-Patienten im auswärtigen Krankenhaus überhaupt erkannt wurde. Man war offensichtlich medizinisch-fachlich überfordert. Nun sind CVID-Krankheiten selten; vielleicht hatten die Kollegen dort keine Erfahrung damit. Leider hat man die telephonischen Ratschläge nicht beherzigt. Es wäre auch kein Kostenproblem entstanden, denn die Pharmafirma war bereit, eine zusätzliche Dosis Immunglobulin für diesen Notfall zu spenden.

Ob man in der auswärtigen Klinik behinderte Menschen medizinisch schlechter behandelt als nichtbehinderte, war die Frage, die bei der Beratung immer im Raum stand.

Ergebnis

Der Tod dieser Patientin hat alle sehr bewegt. Einerseits können Pneumonien bei CVID sehr rasch verlaufen und häufig tödlich enden. Andererseits war man der berechtigten Ansicht, dass eine rasche Substitution mit Immunglobulin das Leben womöglich hätte retten können. Der zuständige Facharzt sandte das Beratungsprotokoll mit einem freundlichen Brief an den zuständigen Chefarzt. Der Brief wurde nie beantwortet.

Anmerkung

Für das Behandlungs-Team war diese Ethikberatung wichtig, weil man den Umgang mit geistig und körperlich behinderten Patienten diskutieren konnte. Eine Behinderung steht bei Diagnostik- und Therapie-Entscheidungen nicht im Vordergrund. Es geht primär um die aktuelle Erkrankung und das dadurch eingeschränkte Patientenwohl. Behinderungsbedingte Begleiterkrankungen müssen bei diesen Entscheidungen selbstverständlich berücksichtigt werden. Es wäre sinnvoll, im Vorfeld zu überlegen, welche lebensrettenden und lebenserhaltenden Maßnahmen bei medizinischen Notfällen ergriffen werden sollen (*Advance Care Planning*).

Demenz bei Down-Syndrom

Situation

Ein 66-jähriger Mann mit Down-Syndrom lebte lange in seiner Familie. Er war früher Paralympics-Sportler und viel unterwegs, auch im Ausland. Er konnte die meisten Entscheidungen im Leben selbst treffen, nur in Geld- und Vertragsdingen brauchte er Hilfe. Deshalb hatte die Mutter die amtliche Betreuung.

Im letzten Jahr entwickelte sich eine rasch fortschreitende Demenz, weshalb er jetzt im Pflegeheim lebte. Er konnte nichts mehr selbst entscheiden, hatte inzwischen Schluckstörungen und konnte sich nicht mehr sinnvoll äußern. Er hatte Angst, das Haus zu verlassen. Er erkannte seine Mutter meistens, seine jüngere Schwester und deren Familie nicht mehr. Er hatte erhebliche Stimmungsschwankungen und wurde manchmal unkooperativ bis aggressiv den Pflegekräften gegenüber.

Im Rahmen seiner Sportkarriere hatte er früher häufiger Verletzungen, die im Krankenhaus behandelt wurden. Das fand er immer interessant und er erzählte begeistert davon. Vor kurzem hatte er eine Aspirationspneumonie und musste im lokalen Krankenhaus nicht-invasiv beatmet[38] werden. Dort war er örtlich, zeitlich und zur Person völlig desorientiert. Meistens döste er vor sich hin. Nach der

---

[38] Beatmungstechnik über Masken.

Rückverlegung ging es ihm körperlich schlecht, er war schwach und kaum mobilisierbar.

Jetzt können ihn die Pflegenden zu nichts motivieren, er macht nicht nur einen schwachen sondern auch depressiven Eindruck. Auch heute, nach fünf Wochen, habe er sich noch nicht richtig erholt. Alle Infusionen und Katheter habe er sich prompt selbst gezogen. Als besonderes Problem wird die Ernährung gesehen: Der Patient lässt sich nur Füttern, wenn er sich einigermaßen gut fühlt. Er trinkt aber gerne und so kann man ihm die Medikamente in flüssiger Form verabreichen.

Das Pflegeheim stellt die Frage, wie man mit dem Klienten in Zukunft bei lebensbedrohlichen Zuständen umgehen soll, z.B. bei einer erneuten Aspiration. Deshalb wird um eine Ethikberatung mit Vorsorgeplanung (*Advance Care Planning*) gebeten. Anwesend sind die 86-jährige Mutter, die 60-jährige Schwester und die zuständige Mitarbeiterin (Sozialpädagogin).

Analyse

Prinzipien: Der früher teilautonome Patient ist inzwischen völlig unautonom geworden. Er kann sich nicht mehr dazu äußern, was er für sich selbst als etwas Gutes ansieht. Er kann auch zu Nutzen oder Schaden einer Maßnahme keine Aussage machen. Zu den Dingen, die ihm früher Freude machten, ist er inzwischen nicht mehr fähig. Man ist also bei diagnostischen oder therapeutischen Entscheidungen auf eine solide Indikationsstellung und die Zustimmung der Betreuerin angewiesen. Der Eindruck ist jedoch, dass ihm der letzte Krankenhausaufenthalt zwar wahrscheinlich das Leben gerettet hat.

Dadurch hat sich aber seine Demenzkrankheit deutlich verschlimmert. Ein Gerechtigkeitsproblem soll nicht dadurch entstehen, dass der Patient dement ist. Auch Demente haben Rechte.

Care-Ethik: Der Patient wird aufmerksam beobachtet, sein Verhalten ist gut dokumentiert. Er kann oder will kaum noch etwas selbständig durchführen, er ist ein Vollpflegefall geworden. Im Haus wird darüber diskutiert, wie man bei medizinischen Notfällen vorgehen soll und ob eine palliative Behandlung sinnvoll wäre. Dazu gibt es aber dort keine fachliche Kompetenz; darauf ist das Heim nicht eingestellt. Wie seine künftige Versorgung sichergestellt werden kann, ist offen.

Abwägung

Der Patient ist nicht mehr autonom, deshalb muss die Betreuung auf alle Angelegenheiten seines Lebens erweitert werden. Man sieht, dass nicht der M. Down das aktuelle und zukünftige Problem darstellt, sondern die offensichtlich rasch fortschreitende Demenz.

Man diskutiert das Vorgehen bei einem medizinischen Notfall. Wenn alle lebensrettenden Maßnahmen abzulehnen sind, ist die Wahrscheinlichkeit seines Todes groß. Dazu kann sich die Mutter und Betreuerin nicht entschließen (Zitat): »Ich kann nicht unterschreiben, dass mein Kind sterben soll.« Es wird besprochen, dass der Notart, der ja vom Heim bei Notfällen immer gerufen werden muss, entscheidet, was in der Situation medizinisch notwendig ist. Er soll dann festlegen, ob kurativ oder palliativ vorgegangen wird.

Die Ernährungssituation ist schwierig, der Patient verliert inzwischen an Körpergewicht. Der Patient lässt sich nur von wenigen Mitarbeitern füttern und auch nur dann, wenn »er gut gelaunt ist.« Einerseits will man ihn nicht verhungern lassen, andererseits kommt eine Sondenernährung nicht in Betracht, weil er sich alle Sonden sofort zieht. Auch bleibt den Beteiligten im Gespräch unklar, ob es bei rasch fortschreitender Demenz noch eine solide medizinische Indikation für künstliche Ernährung gibt.

Das Haus ist eine Einrichtung für geistig und/oder körperlich Behinderte. Für den Umgang mit pflegebedürftigen Demenzkranken fehlt die fachliche Kompetenz. Es gibt auch keine Pflegekräfte für Palliativbehandlung im Heim. Deshalb wird eine Verlegung in ein Pflegeheim diskutiert.

Ergebnis

Die Mutter kümmert sich um die Erweiterung der Betreuung. Sie will, dass der Notarzt die Entscheidung über lebenserhaltende Maßnahmen übernimmt. Da man im Haus fachlich überfordert ist (was dort auch so gesehen wird), plant man nun die Verlegung in eine Einrichtung, die eine palliative Behandlung ermöglicht.

Aus der Sicht der Fachgesellschaften ist bei rasch fortschreitender Demenz eine künstliche Ernährung in den allermeisten Fällen nicht indiziert.[39] Das Leben wird dadurch nicht verlängert, Komplikationen sind häufig und

[39] Siehe Deutsche Gesellschaft für Ernährungsmedizin: www.dgem.de/sites/default/files/PDFs/Leitlinien/S3-Leitlinien/s-0032-1332986.pdf {Zugriff Dezember 2023}

die Symptomatik bessert sich nicht. Hinzu kommt, dass meist das Hungergefühl fehlt.

Aus Sicht der Ethikberatung ist die Verlegung in eine palliativ kompetente Einrichtung, wo man mit Ernährung im letzten Lebensabschnitt entsprechende Erfahrung hat, die beste Lösung im Sinn des Patientenwohls.

Stentblutung

Situation

Ein 73-jähriger Mann, der bisher immer gesund und leistungsfähig war (Bergsteiger), leidet seit vier Wochen unter zunehmender Luftnot. Vor 5 Tagen kam er ins auswärtige Krankenhaus, wo eine Stenose des linken Stammbronchus und der unteren Trachea durch einen ausgedehnten mediastinalen Tumor gefunden wurde. Am ehesten handelt es sich um ein Ösophaguskarzinom (CT-Befund). Es besteht schon eine respiratorische Insuffizienz mit niedrigen Sauerstoff- (PaO_2 54 mmHg) und erhöhten Kohlendioxidwerten ($PaCO_2$ 62 mmHg) im arteriellen Blut. Der Patient ist nur zeitweise ansprechbar.

Er wird notfallmäßig ins Universitätsklinikum verlegt. Seite Tochter begleitet ihn, sie ist seine bevollmächtigte Patientenvertreterin und im Besitz der Patientenverfügung. Man sieht eine dringende medizinische Indikation zur bronchialen Stentimplantation, um die Atmung zu sichern. Dazu benötigt man in diesem Fall eine Narkosebronchoskopie mit Beatmung. Die Indikation inklusive aller Nebenwirkungen und Komplikationen wird ausführlich mit der Tochter besprochen. Sie weist darauf hin, dass in der Patientenverfügung ausdrücklich eine maschinelle Beatmung verboten wird, ebenso eine Behandlung auf Intensivstation. Sie sieht das aber eher als Ablehnung einer langdauernden Beatmung, nicht im Sinn einer Kurzintervention. Sie telefoniert mit anderen Angehörigen und stimmt dem geplanten Eingriff zu.

Die Narkosebronchoskopie mit Bronchial-Trachealstent-Implantation wird komplikationslos durchgeführt. Der Patient kann schnell extubiert werden und wird auf die Überwachungsstation verlegt. Seine Blutgase verbessern sich deutlich. Er wird gut ansprechbar und bedankt sich für die rasche Intervention.

Nach drei Stunden kommt es aber auf der Überwachungsstation zu einer Komplikation der Stentimplantation, zu einer dunkelroten Blutung. Wahrscheinlich hat der Stent Tumorgewebe verdrängt oder perforiert und dabei ein größeres Blutgefäß beschädigt. Die Atmung verschlechtert sich und der Diensthabende Arzt intubiert den Patienten im rechten Stammbronchus, um wenigstens eine einseitige Belüftung zu sichern. Er beginnt auf der Intensivstation eine maschinelle Beatmung mit Analgesie, Relaxation und Sedation. Die medizinische Situation lässt sich so stabilisieren, die Blutung links kommt zu stehen.

Allerdings liegt der Patient nun auf der Intensivstation und wird beatmet, was seiner Patientenverfügung widerspricht. Nach der Morgenvisite findet die Ethikberatung statt.

Analyse

Prinzipien: Zwischenzeitlich konnte der Patient seiner Patientenvertreterin zu dem angenommen mutmaßlichen Willen rückwirkend zustimmen. Er war sehr froh, dass er wieder durchatmen konnte. Leider musste er wegen einer bronchialen Blutung intubiert und beatmet werden; er ist also jetzt nicht zustimmungsfähig. Mit der bevollmächtigten Tochter ist noch nicht wieder gesprochen worden. Sie wird in Kürze auf der Intensivstation erwartet. War es für den Patienten gut, dass er intubiert wurde? Nur so konnte ein Ersticken durch das Blutgerinnsel im Stammbronchus links und in der Trachea verhindert werden. Es wurde die kurzfristige Prognose verbessert, weil akuter Schaden behoben wurde. Also bestand eine gute medizinische Indikation. Zur langfristigen Prognose der Tumorkrankheit kann noch nicht Stellung genommen werden, weil dazu die entscheidenden Untersuchungsergebnisse ausstehen. Davon hängen die weiteren Behandlungsoptionen ab.

Care-Ethik: Man konnte mit dem Patienten kein längeres Gespräch führen, um zu erfahren, was ihm wichtig ist, welche Pläne er hat, wie er zur Behandlung steht. Die Tochter ist sich diesbezüglich sehr unsicher; auch sie konnte mit ihrem Vater darüber nie sprechen, zumal sich die lebensbedrohliche Situation akut entwickelte.

Abwägung

Man ist sich nicht sicher, ob der Patient dieser Intensivbehandlung mit Beatmung zugestimmt hätte. Andererseits hat man ihm so das Leben gerettet. Man diskutiert über mögliche Therapieziele, die mit der Tochter besprochen werden sollen. (1) Das nächste Ziel soll sein, die Blutung zu stoppen. Die Konsile mit den Spezialisten sind schon angefordert: z.B. Verschluss des blutenden Gefäßes durch Angiologen; z.B. Strahlentherapie; z.B. bronchoskopische Intervention. (2) Nach der Blutstillung kann der Patient extubiert und vom Beatmungsgerät befreit werden. Dann sind auch wieder Gespräche mit ihm möglich. (3) Bis dahin sollten die wichtigsten onkologischen

Befunde vorliegen, die für eine Behandlungsplanung erforderlich sind.

Ergebnis

Die Tochter brachte die Ehefrau des Patienten mit. Die o.g. Optionen wurden besprochen. Die Ehefrau meinte, ihr Mann sei ein »zäher Bursche«, der um sein Leben kämpfen werde. Die Tochter stimmte den ärztlichen Vorschlägen zu.

Die bronchiale Blutung links konnte durch einen angiologischen Eingriff gestoppt werden. Das blutende Gefäß konnte identifiziert und über Katheter verschlossen werden. Der Patient wurde extubiert, man konnte am Folgetag mit ihm sprechen. Er entschied sich für eine palliative Weiterbehandlung.

Terminale COPD

Situation

Ein 74-jähriger Mann kam über die Notaufnahme mit schwerer Exazerbation einer COPD, mit dekompensierter Linksherzinsuffizienz und fortgeschrittener Niereninsuffizienz. Er musste auf der Intensivstation beatmet werden und hatte ein extrem schwieriges und langdauerndes Weaning (Entwöhnung von der Beatmung). Ein Tracheostoma wurde angelegt, um die Atemarbeit zu verringern. Er wurde vorübergehend dialysiert. Jetzt ist er mit einer ambulanten Atemhilfe (Bilevel PAP) über das Tracheostoma versorgt und soll wieder mobilisiert werden.

Der Patient wird auf die Lungenstation verlegt. Er ist sehr schwach und deshalb kaum an die Bettkante mobilisierbar. Die Atemnot ist mit technischer Atemhilfe erträglich, weil so der Kohlendioxidgehalt des Blutes und damit der Atemantrieb gesenkt wird. Eine Sauerstoffzufuhr wird bei ausreichendem Sauerstoffgehalt im arteriellen Blut (CaO_2)[40] nicht benötigt. Durch die Herzinsuffizienz und Niereninsuffizienz ist die Flüssigkeitszufuhr auf 750 ml tgl. eingeschränkt. Die Nierenretentionswerte steigen seit Tagen kontinuierlich an: Der Bluthamstoff liegt aktuell

---

40 Sauerstoffgehalt des arteriellen Blutes: arterielle Sauerstoffsättigung mal Hämoglobinwert mal Hüfnersche-Zahl; siehe www.aerzteblatt.de/archiv/ 47705/CaO2-Wert-zur-Beurteilung-der-Sauerstoff-Organversorgung-Klinische-Bedeutung-des-Sauerstoffgehaltes.

schon bei 283 mg/dl (Norm ≤ 48 mg/dl) und damit deutlich im lebensgefährlichen Bereich.

Eine chronische Dialyse lehnt der Patient ebenso strikt ab wie eine erneute Aufnahme auf Intensivstation. Er ist noch bei klarem Bewusstsein und weiß, dass er in der Urämie sterben wird. Er hat weder Durst noch Hunger oder Schmerzen, es besteht eine leichte Übelkeit. Mit ihm, der Ehefrau und der Tochter wurde vom Stationsarzt darüber mehrfach gesprochen. Es besteht Einigkeit, der Erkrankung ihren natürlichen Verlauf zu lassen und adäquat palliativ zu behandeln. Die technische Atemhilfe soll auf Wunsch des Patienten weitergeführt werden.

Nun taucht unerwartet der Sohn des Patienten aus erster Ehe auf, der über viele Jahre kaum Kontakt mit dem Vater und der Familie hatte. Er ist entsetzt darüber, dass die Ärzte und die Familie diesen Patienten »einfach so« sterben lassen wollen. Er will sich vor Gericht als Betreuer einsetzen lassen, wenn nicht sofort »alles gemacht« werde.

Analyse

Prinzpien: Der Patient ist bei vollem Bewusstsein und kann autonom über sein Leben und seine Behandlung entscheiden. Er hat keine schriftliche Patientenverfügung verfasst, seinen Willen hat er aber mündlich vor Zeugen mehrfach geäußert. Der Stationsarzt hat dazu eine Notiz in der Krankenakte hinterlegt. Der Patient weiß, dass er im Endstadium seiner Lungen-, Herz- und Nierenkrankheit lebt. Er lehnt lebensverlängernde medizinische Maßnahmen strikt ab, will aber ausreichend palliativ behandelt werden. Man kann ihm angesichts seines Lebensziels des palliativ begleiteten Lebensendes also durchaus nützen. Ein Gerechtigkeitsproblem sehen wir nicht.

Care-Ethik: In den häufigen Gesprächen kam die Überzeugung zum Ausdruck, dass eine Lebensverlängerung um jeden Preis für den Patienten nicht in Frage kommt. Wichtig ist ihm eine weitgehende Symptomfreiheit am Lebensende. Er wird von der Pflege bei allen Verrichtungen unterstützt, kann aber noch vieles selbst erledigen. Im Team wurden die Pflichten ihm gegenüber besprochen und festgelegt. Er soll von einer Pflegekraft, die früher auf Intensivstationen gearbeitet und Erfahrung mit technischen Atemhilfen hat, mitbetreut werden. Das Wohlbefinden wird in Gesprächen (auch mit den Angehörigen) kontinuierlich erfasst. Man kann davon ausgehen, dass seine Überlebenszeit eher kurz sein wird. Patient, Ehefrau und Tochter wollen eine Verlegung auf die hauseigene Palliativstation. Falls es zur Entlassung nach Hause käme, müsste die technische und palliative Versorgung dort geregelt werden.

Abwägung

Der autonome Patient hat seinen Willen mehrfach mündlich geäußert. In der Patientenakte wurde dies dokumentiert, auch vorbeugend für den Fall einer Bewusstseinstrübung bei hohen Harnstoffwerten im Blut. Diese Dokumentation ist für diesen Patienten außerdem wichtig, falls der Sohn sich tatsächlich zum Betreuer ernennen lassen sollte (was eher unwahrscheinlich ist). Er hätte ja den Willen des Vaters umzusetzen, nicht seinen eigenen. Das Ziel des Patienten ist ein symptomarmes Lebensende. Daran hat sich das ärztliche Bestreben »Gutes zu tun« ebenso zu orientieren, wie an die Nutzen-Schaden-Abwägung. Alles was sein Leiden erträglicher macht, ist in dieser palliativen Situation medizinisch indiziert. Man findet auf der örtlichen Palliativstation ein fachlich und menschlich kompetentes ärztliches und Pflegeteam vor, das diese Aufgabe sicher bewältigen wird.

Ergebnis

Der Patient wird auf der Palliativstation aufgenommen, was er sich ausdrücklich wünscht. Mit dem Sohn muss eindringlich gesprochen werden. Nur weil er, der sich jahrelang nicht um den Vater gekümmert hatte, ein schlechtes Gewissen hat, darf sein Vater keinen nutzlosen Behandlungen ausgesetzt werden. Sein Vater ist entscheidungs- und zustimmungsfähig und will solche Therapien nicht. Diesen Willen hat er zu respektieren.

Schluckstörung

Situation

Ein 83-jähriger Mann liegt auf der neurologischen Station nach Schlaganfall vor sechs Wochen. Durch seine Schluckstörung hatte er sich über eine Aspiration eine Lungenentzündung zugezogen. Er schläft meist, kann nicht mehr sprechen und kann sich bei Halbseitenlähmung kaum noch im Bett bewegen. Wenn er wach ist, scheint er seine Umgebung und die Menschen wahrzunehmen. Allerdings zieht er sich häufig die Infusionsschläuche und den Blasenkatheter. Er hat eine lange Vorgeschichte mit Diabetes mellitus Typ II, koronarer Herzkrankheit mit Stent-Implantation, peripherer arterieller Verschlusskrankheit der Beine, terminaler Niereninsuffizienz mit dreimal wöchentlicher Hämodialyse. Seine Heilungsprognose ist ungünstig: Weder die Schluckstörung noch die Aphasie noch die Lähmungen bilden sich zurück. In seiner Patientenverfügung werden alle lebenserhaltenden Maßnahmen abgelehnt.

Analyse

Prinzipien: Der Patient ist nicht mehr autonom und kann nicht mehr für sich selbst sorgen. Er äußert sich auch nicht non-verbal, so daß man seinen natürlichen Willen erkennen könnte. Er hat einen Vorsorgebevollmächtigten, seinen Hausarzt, mit dem er befreundet ist. Mit ihm zusammen hat er vor zwei Jahren seine Patientenverfügung verfasst. Darin lehnt er alle lebensverlängernden Maßnahmen ab, wenn er ein schwerer Pflegefall würde. Das bedeutet für ihn, dass er seine Ausscheidungen nicht kontrollieren könnte, nicht mehr auf natürlichem Weg essen und trinken könne, für die alltäglichen Verrichtungen ständig Hilfe bräuchte. Dann wolle er lieber sterben. Ausdrücklich will er dann auch nicht künstlich ernährt werden. Die künstliche Ernährung wäre dann aus seiner Sicht eher ein Schaden, man würde ihm damit nichts Gutes tun. Ein Gerechtigkeitsproblem besteht nicht, die Patientenverfügung ist auf ihre Anwendbarkeit zu prüfen.

Care-Ethik: Dem Patienten ist wichtig, nicht als schwerer Pflegefall künstlich am Leben gehalten zu werden. Er selbst ist inzwischen hilflos und auf Pflege angewiesen. Aktuell sind im Krankenhaus ärztliche und pflegerische Kompetenz gesichert. Zu überlegen ist, wohin der Patienten verlegt werden kann und wie die Kompetenz bei einer Verlegung sicherzustellen ist. Bisher ist es nicht geglückt, die Verwandten aufzufinden, die selbstverständlich informiert werden müssten.

Abwägung

Man folgt der Patientenverfügung, die in der aktuellen Situation anwendbar ist. Im Gespräch mit seinem Patientenvertreter (und Hausarzt) wird das bestätigt. Damit kann eine künstliche Ernährung ausgeschlossen werden. Man diskutiert auch die Hämodialyse, die eine lebensverlängernde Maßnahme darstellt. Dem schriftlichen Willen entspricht die Einstellung der Hämodialyse, was der Patientenvertreter ebenfalls fordert. Die Medikamente sollen auf das symptomatisch Notwendige reduziert werden, ebenso die Infusionen.

Ergebnis

Dem Willen das Patienten entsprechend werden alle lebensverlängernden Maßnahmen eingestellt. Bei Beendigung der Hämodialyse wird besonders auf die unschädliche Menge der Flüssigkeitszufuhr geachtet. Die Empfehlung lautet 500 ml tgl. als subkutane Infusion. Dann könnte man auf die venösen Zugänge an den Armen und am Hals verzichten. Die umliegenden Pflegeheime sind ausgelastet, der Patient wird zunächst in der Klinik bleiben. Die Station bittet um Mithilfe durch den klinikinternen ambulanten Palliativdienst, bis ein Bett auf der Palliativstation zur Verfügung steht. Der Patientenvertreter kümmert sich um den Kontakt zu den Verwandten.

Dialysepatient mit Bronchialkarzinom

Situation

Bei einem Dialyse-Patienten wird zufällig ein Lungentumor festgestellt. Er leidet neben seiner Niereninsuffizienz an einem Diabetes mellitus (eingestellt mit Insulin), an einer schweren arteriellen Hypertonie, an einer renalen Osteopathie mit Brustwirbelkörperfrakturen, an einem Zustand nach Herzinfarkt mit mittelgradiger Herzinsuffizienz, an einem Zustand nach Apoplex mit Halbseitenlähmung (Rollstuhlfahrer). Der Lungenrundherd wird als Adenokarzinom der rechten Lunge diagnostiziert. Die Staging-Untersuchungen ergeben ein lokal weit fortgeschrittenes Stadium, keine Metastasierung. Der Tumor ist nicht mehr operabel. Eine kombinierte Chemo-Strahlen-Therapie würde (nach Studienlage) seine Lebenserwartung von etwa 8 auf etwa 25 Monate vergrößern. Andererseits wäre bei Symptomatik auch eine palliative Strahlentherapie oder Chemotherapie möglich. Der Patient selbst ist unentschieden. Angehörige hat er keine mehr.

Analyse

Prinzipien: Der Patient ist autonom und hat der Diagnostik zugestimmt. Er kann sich nicht zur Behandlung entscheiden, weil ihm die Folgen der Erkrankung und einer Therapie noch nicht klar genug sind. Tut man ihm mit einer Chemo-Strahlen-Therapie wahrscheinlich etwas

Gutes? Bei den vorliegenden Erkrankungen besteht ein erhebliches medizinisches Risiko für unkontrollierbare Folgeschäden: (1) Die Elimination des Zytostatikums über die Dialysemembranen ist unsicher. Durch zu hohe Blutkonzentrationen würde es z.B. zu einer protrahierten toxischen Knochenmarksschädigung kommen; (2) die Entgleisung des Diabetes bei häufigen Kortikosteroidgaben im Rahmen der begleitenden antiemetischen Therapie wäre zu erwarten; (3) die Flüssigkeitszufuhr in Rahmen der Chemotherapie vertrüge sich nicht mit der Flüssigkeitsrestriktion bei chronischer Dialyse; (4) der Patient hat einen grenzwertig schlechten körperlichen Zustand (Karnofsky-Status[41] 60%). Damit muss über die Indikation zu einer so belastenden Behandlung neu diskutiert werden.

Care-Ethik: Man weiß noch nicht, was dem Patienten in seiner Situation tatsächlich wichtig ist. Dieses kommunikative Defizit muss behoben werden. Er hatte in den letzten Tagen zu viele Ansprechpartner, die teils widersprüchliche (oder zumindest missverständliche) Aussagen machten. Er braucht e i n e n ärztlichen Ansprechpartner, der ihn schon länger kennt. Und er braucht mehr begleitete Zeit für seine Entscheidung, weil er die Konsequenzen noch nicht überblickt.

Abwägung

Die Prognose zur Überlebenszeit des Patienten ist durch Niereninsuffizienz, Diabetes mellitus, arterielle Hypertonie, Osteopathie, Zustand nach Herzinfarkt, Herzinsuffi-

---

41 Péus et al.: Appraisal of the Karnofsky Performance Status and proposal of a simple algorithmic system for its evaluation. BMC Medical Informatics and Decision Making 2013, 13, 72ff.

zienz und Zustand nach Apoplex auch ohne Lungenkrebs schon deutlich begrenzt. Die Dialyseärzte gehen von etwa drei bis maximal fünf Jahren aus. Die Wachstumsgeschwindigkeit des Lungentumors kann an einer Röntgenbilderserie abgeschätzt werden; die Verdopplung des Tumorvolumens liegt geschätzt bei etwa vier Monaten. Die aktuelle Prognose wird also eher vom schnell wachsenden Lungenkrebs bestimmt. Es sind ohne Tumorbehandlung maximal acht Überlebensmonate zu erwarten. Mit dem Patienten ist zu besprechen, ob er einen Zuwachs an Lebenszeit wünscht.

Die Indikation zu einer Behandlung wird (1) dadurch bestimmt, ob eine lebensverlängernde Therapie oder eine palliative Behandlung gewählt wird. Zu berücksichtigen sind (2) die erwartbaren unerwünschten Wirkungen der Chemo-Strahlen-Therapie. Die Schäden wären angesichts der vorbestehenden Erkrankungen und wegen des schwachen Allgemeinzustandes kaum kontrollierbar.

Zu bedenken ist auch die Studienlage. In einem selektierten Studien-Patientengut konnte die beschriebene relativ gute Lebenszeitverlängerung erzielt werden. In solche Therapiestudien werden nie Menschen eingeschlossen, die unter den bei diesem Patienten bestehenden Vorerkrankungen leiden. Die Studiendaten sind für diesen Fall wahrscheinlich irrelevant.

Ergebnis

Nach einer kontroversen Tumorkonferenz fand die Ethikberatung statt. Angesichts der Vorerkrankungen und der unberechenbaren Folgeschäden der lebensverlängernden Chemo-Strahlen-Therapie wurde von den behandelnden Ärzte keine Indikation dazu gestellt.

Anschließend besprach man mit dem Patienten den Vorschlag der Tumorkonferenz und der Ethikberatung. Das Gespräch führte ein ihm lange bekannter Dialysearzt. Bei seiner Schwäche und Müdigkeit wollte der Patient jetzt endlich eine Entscheidung. Er war sehr zufrieden mit dem Vorschlag einer palliativen Behandlung.

Toxischer Lungenschaden

Situation

Bei einem 57-jährigen Mann wurde vor drei Jahren ein weit fortgeschrittenes Bronchialkarzinom festgestellt (Invasion ins Mediastinum, kontralaterale Lungenmetastasen, eine Skelettmetastase im Oberschenkel rechts, Lebermetastasen, eine Nebennierenmetastase). Nach einer palliativen Strahlentherapie des Mediastinums wegen drohenden Verschlusses der Trachea und der Oberschenkelmetastase wegen drohender Fraktur sowie nach vier Zyklen einer palliativen Chemotherapie wegen Schmerzen der Leber stabilisierte sich die Erkrankung. Zusätzlich wurde Bisphosphonat als Prophylaxe gegen Skelettmetastasen eingesetzt. Über Monate hinweg war zur allgemeinen Überraschung kein weiterer Progress festzustellen.

Nach etwa einem Jahr wuchsen die Lebermetastasen und die Nebennierenmetastase wieder, ebenso der Lungentumor. Man begann eine Chemotherapie, die zunächst sehr gut vertragen wurde. Unter dieser Chemotherapie bildeten sich die Metastasen und der Lungentumor zurück. Diese erfolgreiche Chemotherapie wurde über 18 Monate fortgeführt. Der Patient fühlte sich gut, er war als selbständiger KFZ-Meister wieder halbtags berufstätig.

Dann berichtete er über zunehmende Belastungsatemnot. Das Restaging zeigte eine gute Tumorkontrolle aller Manifestationen, aber eine homogene Milchglastrübung beider Lungen. Die Lungenvolumina und die Diffusionsparameter waren deutlich verringert. Die Blutgasanalyse zeigte schon in Ruhe eine Hypoxämie. Alle Befunde und deren Verlauf sprachen für einen (sehr seltenen) toxischen Lungenschaden durch Chemotherapeutika. Selbstverständlich wurde die Chemotherapie abgesetzt.

Leider verlief diese toxische Lungenerkrankung rasch progredient im Sinne eines akuten Lungenversagens. Mit CPAP-Maske und hoher Sauerstoffzufuhr war eine ausreichende Oxigenierung nicht mehr zu erhalten. Mit dem Patienten und seiner (ebenfalls krebskranken) Ehefrau war schon oft über Sterben und Tod gesprochen worden. Er wusste, dass er am Lungenversagen jetzt sterben werde. Er lehnte eine Behandlung auf Intensivstation strikt ab, weil sie sein Leiden nur verlängern würde. Er wollte eine gute palliative Therapie einschließlich aller Medikamente, die seine Atemnot und seine Angst vermindern könnten.

Zusammen mit dem einwilligungsfähigen Patienten entschied man sich für ein niedrig dosiertes Opiat gegen die Atemnot und ein niedrig dosiertes Benzodiazepin gegen die Unruhe, beides in Tablettenform. Außerdem wurde ein hochdosiertes Kortikosteroid gegeben, in der Hoffnung, das Akute Lungenversagen wenigstens zum Stillstand zu bringen. Zunächst waren Atemnot und Angst damit kontrollierbar. Im Verlauf der nächsten Tage reichte diese Medikation aber nicht mehr aus. Die Dosierungen wurden symptom-orientiert nur leicht angehoben, der Patient blieb weckbar. Er schlief friedlich ein und verstarb nach etwa 3 Stunden in Anwesenheit seiner Ehefrau.

Der einzige Sohn, der sich im Unfrieden von Vater und Mutter vor Jahren getrennt hatte, kommt nun am Tag nach den Tod des Vaters ins Krankenhaus. Er wirft der

Klinik aktive Sterbehilfe vor. Daraufhin bittet das Behandlungsteam um eine retrospektive Fallbesprechung.

Analyse

Prinzipien: Der Patient war immer autonom und entscheidungs- wie zustimmungsfähig. Er wurde zusammen mit seiner Ehefrau immer offen aufgeklärt und er war sich seines Lebensendes völlig bewusst. Eine kurative Behandlung kam nie in Betracht, erreicht werden konnte eine leichte Remission der Tumormanifestationen. Über Monate hinweg blieb der Patient dadurch sogar (reduziert) arbeitsfähig. In der aktuellen Situation war nicht der Lungenkrebs das Problem, sondern das rasch fortschreitende toxische Akute Lungenversagen. Eine Intensivbehandlung lehnte der Patient ab. Die Ärzte entschieden sich nach Nutzen-Schaden-Abwägung zur symptomorientierten, palliativen Behandlung mit Opiat und Benzodiazepin. Die Sedierung blieb immer relativ flach, der Patient war stets weckbar. Er konnte entspannt und in Anwesenheit seiner geliebten Frau sterben.

Care-Ethik: Das Team war dem Patienten und seiner Ehefrau gegenüber immer aufmerksam. Im Übrigen hätte er das auch energisch eingefordert. Dem Patienten war wichtig, symptomarm sterben zu dürfen. Seine Meinung hat er allen Beteiligten deutlich gemacht. Er konnte sich bis drei Tage vor dem Tod selbst versorgen und hat dann Hilfe gerne angenommen. Großen Wert legte er auf je einen ärztlichen und pflegerischen Ansprechpartner, offensichtlich brauchte er diese Vertrauenspersonen.

Abwägung

Es wurde dem Willen des Patienten entsprochen und es gab eine gute Indikation für ein palliatives Vorgehen. Man konnte ihm ein symptomarmes und friedliches Sterben ermöglichen. Es handelte sich nicht um aktive Sterbehilfe, sondern um eine relativ flache palliative Sedierung. Eine tödliche Dosis wurde nicht verabreicht, der Patient blieb immer weckbar.

Ergebnis

Das Behandlungsteam sieht sich bestätigt. Anlässlich dieser Ethikberatung wird über die Indikation zur palliativen Sedierung gesprochen. Nicht allen Beteiligten waren die Limitationen sowie die Abgrenzung zur aktiven Sterbehilfe bekannt.

Unerträgliche Schmerzen

Situation

Eine 43-jährige Frau mit weit fortgeschrittenem Adenokarzinom (wahrscheinlich der Lunge) kam wegen schwerster Schmerzen zur Aufnahme. Neben Lebermetastasen und multiplen Hautmetastasen besteht eine ausgedehnte Skelettmetastasierung. In Kooperation mit der Schmerzambulanz der Klinik für Anästhesiologie erreichte man schon am ersten Tag eine Reduktion des Dauerschmerzes (VAS[42] 10 → 5) durch periphere Schmerzmittel, i.v.-Opiate, Psychopharmaka und Bisphosphonat. In den nächsten Tagen konnte durch knochengängige Radionuklide in der Klinik für Nuklearmedizin der Dauerschmerz in den erträglichen Bereich gesenkt werden (VAS 5 → 3).

Problematisch blieben die Schmerzspitzen bei Bewegung und Lagerung. Sie waren durch prophylaktische Schmerztherapie nur wenig zu erleichtern. Es wurde ein spezielles Bett zur Dekubitus-Prophylaxe besorgt, um sie nicht so häufig umlagern zu müssen. Die vorbeugende Schmerz-Medikation führte jedoch regelmäßig zu langen Schlafperioden mit Hypoventilation[43] trotz Bilevel-PAP[44]-Maske.

---

42 VAS: Visuelle Analogskala.

43 Reduktion der Atemfrequenz, meist mit Abflachung der Atemtiefe. Die Folge ist ein Anstieg des Kohlendioxidgehalts des Blutes und ein Abfall des Sauerstoffgehaltes.

44 PAP: positiver Atemwegsdruck. Bilevel: höherer Inspirationsdruck, niedriger Exspirationsdruck. Dies wirkt als Unterstützung der Inspiration.

Man besprach das Problem mit der Patientin: Sie wusste, dass sie nicht mehr lange leben würde und wollte in der verbleibenden Zeit möglichst wenig Schmerzen haben. Das Risiko der respiratorischen Insuffizienz durch Schmerzmedikamente nahm sie in Kauf. Auf gar keinen Fall wollte sie auf eine Intensivstation oder intubiert werden.

Nun kam es bei der üblichen morgendlichen Lagerung offensichtlich zu einer pathologischen Fraktur des Beckenrings. Die Patientin schrie vor Schmerz. Man erhöhte die Analgetikadosierung incl. der i.v.-Opiatgabe. Die Patientin wurde schmerzfrei und schlief ein. Sie wachte nicht mehr auf.

Im Behandlungsteam wurde nach ihrem Tod heftig diskutiert. Die Fragen an das Klinische Ethikkomitee waren: War das nicht aktive Sterbehilfe? War dieses Vorgehen zu rechtfertigen? Das Ethikkomitee kam zu einer retrospektiven Fallbesprechung.

Analyse

Prinzipien: Mit der autonomen Patientin und ihrer Familie wurde die Lage mehrfach ausführlich besprochen. Sie hat ihren Willen vor Zeugen immer wieder klar geäußert; das wurde in der Patientenakte dokumentiert. Eine kurative Therapie kam nicht mehr in Betracht. Gemeinsam wurden alle palliativen Möglichkeiten besprochen. Auch ärztlicherseits gab es mehrere Konsile. Ein Problem war bei ihr die Unterdrückung des Atemantriebs unter akut gesteigerter Opioidtherapie.[45] Die Folge war eine Hypo-

---

45 Bekannte unerwünschte Wirkung dieser Substanzgruppe, jedoch eher bei akuter Opioidgabe. Eine schwere Hypoventilation ist bei chronischer Opioidgabe selten.

ventilation, die durch die Atemhilfe überbrückt wurde. Das gelang mehr oder weniger erfolgreich. Der Nutzen der Schmerzbehandlung stand nach dem Willen der Patientin über dem möglichen Schaden z.B. durch Sauerstoffmangel im Gehirn. Ein Gerechtigkeitsproblem stand nicht im Vordergrund.

Care-Ethik: Es wurde oft mit der Patientin gesprochen, die Pflegenden haben sich ständig um sie gekümmert. Die Patientin war außerhalb ihrer Akutschmerz-Attacken wach und kommunikations- und entscheidungsfähig. Sie war hilfsbedürftig und konnte sich wegen des Bewegungsschmerzes kaum selbst im Bett drehen. Ob bei der letzten Lagerung ein pflegerischer Fehler geschah, wurde auch diskutiert. Bis dahin waren Patientin und Angehörige jedenfalls sehr dankbar für alle Hilfen.

Abwägung

Es besteht ein ethischer Konflikt zwischen den Prinzipien »Gutes tun« und »nicht schaden«. Der Schaden der Hypoventilation (mit Todesfolge) war nicht kontrollierbar. Allerdings war diese Behandlung ausführlich mit der Patientin und den Angehörigen diskutiert worden. Die Schmerzfreiheit stand im Vordergrund und war Ziel der Therapie.

Nicht vom Ethikkomitee zu klären war mangels Kompetenz die Frage nach einem Pflegefehler bei der letzten Lagerung. Er wurde eine Besprechung innerhalb der Pflegenden vorgeschlagen und um ein entsprechendes Protokoll gebeten. Eine solche fachliche Diskussion war wichtig, weil sie ggf. die direkt beteiligten und jetzt psychisch sehr belasteten Pflegekräfte entlasten konnte.

Ergebnis

Der ethische Konflikt zwischen »Gutes tun« und »nicht schaden« ist nicht einfach aufzulösen: Er bleibt bestehen. Die Patientin hatte sich aber auf ihr Lebensende vorbereitet und selbst energisch alle lebensverlängernden Maßnahmen abgelehnt. Ihr war allein die Schmerzfreiheit wichtig. Über das Risiko, unter der Schmerzbehandlung sterben zu können, war sie informiert. Sie hat das mehrfach und deutlich in Kauf genommen. Entscheidend ist das Therapieziel: Es war nicht die Tötung eines Menschen, was einer aktiven Sterbehilfe (Tötung auf Verlangen) zugrunde läge. Das Therapieziel war die Schmerzfreiheit; das Risiko einer Lebenszeitverkürzung war allen Beteiligten bekannt. Um es in juristischen Begriffen auszudrücken: Es handelte sich um eine indirekte Sterbehilfe, und die ist erlaubt, wenn das Leben um kurze Zeit verkürzt wird. Aus medizinethischer Sicht wäre es unmenschlich gewesen, die Patientin mit den unerträglichen Schmerzen nicht analgetisch zu behandeln.

Nachträglich kam das Protokoll der Besprechung der Pflegekräfte mit einer Praxisanleiterin der Berufsfachschule und der Pflegedirektion. Es wurden keine fachlichen Fehler gefunden.

Operation am Lebensende

Situation

Eine 72-jährige Frau leidet an einem metastasierenden Bronchialkarzinom. Zuletzt wurden vor sechs Monaten multiple Hirnmetastasen einer Ganzhirnbestrahlung unterzogen. Onkologisch spricht man jetzt von „stable disease". Statistisch gesehen besteht eine Lebenserwartung von weiteren 6–9 Monaten.

Die Patientin liegt zur Zeit auf einer Palliativstation. Die Hirnmetastasen (und evtl. die Strahlentherapie?) haben zu einer rasch fortschreitenden Demenz geführt. Ein amtlicher Betreuer ist bestellt. Aktuell ist sie vorwiegend bettlägerig und kann für kurze Dauer in einen Sessel mobilisiert werden. Sie hat sich einen Glutealabszess zugezogen, der drainiert und gespült wird. Der Patientin verursacht das kaum Beschwerden, es ist eher ein pflegerisches Problem.

Bei einer Team-Besprechung kommt die Frage auf, ob der Glutealabszess chirurgisch saniert werden sollte. Der Betreuer ist dafür aufgeschlossen, Angehörige sind nicht bekannt. Ein Chirurg des Krankenhauses hat sich die Patientin angesehen und sagt, das können man gut operieren. Soll diese Patientin operiert werden?

Analyse

Prinzipien: Die Dame ist wegen ihrer Demenz nicht mehr entscheidungs- und zustimmungsfähig. Dafür ist der amtliche Betreuer zuständig, der die Patientin einmal gesehen hat und telephonisch Kontakt zum Team hält. Er hat keine Einwände gegen eine chirurgische Sanierung des Abszesses. Tut man mit der Operation der Patientin etwas Gutes? Man befindet sich in einer palliativen Situation bei rasch fortschreitender Demenz. Der Abszess belästigt die Patientin nicht, sie hilft so weit möglich bei der pflegerischen Versorgung mit. Zu erwägen ist, ob man durch Narkose und Operation der geschwächten Frau nicht eher schadet. Um ein Pflegeproblem zu beheben darf man keinen Patientenschaden riskieren. Andererseits kann ein schwelender Abszess die körperliche Schwäche fördern. Ein Gerechtigkeitsproblem sieht man nicht.

Care-Ethik: Bei aufmerksamer Pflege erkennt man, dass die Symptome durch den Abszess minimal sind. Wichtig scheint der Patientin die Zuwendung zu sein. Durch ihre Schwäche und ihr mangelhaftes Verständnis kann sie nur wenig mithelfen; das tut sie aber. Ärztliche und pflegerische Kompetenz ist auf der Palliativstation vorhanden.

Abwägung

Bei der Ethikberatung steht eine gute symptomkontrollierende, palliative Indikation im Vordergrund. Die Abszess-Symptome sind für die Patientin minimal. Durch die Operation würde ihre Pflege allerdings deutlich einfacher werden. Falls eine Verlegung von der Palliativstation in eine Pflegeeinrichtung geplant werde, ist die Vereinfachung der Pflege ein wichtiges Argument.

Im Team herrscht Uneinigkeit, ob die Patientin in absehbarer Zeit die Palliativstation verlassen werde. Ihre Demenz verschlimmere sich ebenso wie die körperliche Schwäche. Der Chirurg gibt zu bedenken, dass eine chronische Entzündung (wie ein Abszess) die Schwäche fördern wird. Wenn also die Verlegung in ein Pflegeheim ein realisierbares Ziel bleiben solle, müsse der Abszess saniert werden, bevor ihr schlechter Allgemeinzustand ein Narkose- oder Operationshindernis werde.

Ergebnis

Die Ethikberater wollen sich über die Therapieziele und über die Prognose Klarheit verschaffen. Eine Team-Besprechung im größeren Kreis wurde vereinbart, auch der Betreuer wollte sich beteiligen. Da sich die körperliche Schwäche rasch zur vollständigen Bettlägerigkeit verschlimmerte und die Prognose von einer eher kurzen Lebenserwartung ausging, nahm man von der Operation Abstand. Die Patientin verstarb im Lauf der Woche.

Das Behandlungsteam wünschte sich eine Nachbesprechung, weil ähnliche Situationen am Lebensende immer wieder für Unsicherheit sorgen: (a) Wie sicher ist eine Prognose? Und (b) wann sind chirurgische oder interventionelle Eingriffe noch palliativ?

(a) Prognosen sind immer unsicher, weil sie die Zukunft betreffen, die wir ja nicht kennen. Erfahrene Mitarbeiter haben aber ein langjährig trainiertes Bauchgefühl[46] (Intuition), das ihnen eine relative, prognostische Sicherheit gibt. Ihre Vermutung des nahenden Lebensendes trifft oft

---

46 Gerd Gigerenzer: Bauchentscheidungen. Bertelsmann, München 2007.

zu. Naturwissenschaftliche Daten etwa zum fortschreitenden Multiorganversagen sind nicht treffsicherer.

(b) Palliativ ist ein Handlung immer dann, wenn sie die Symptome des Patienten erträglich macht. Deshalb gibt es durchaus palliative Operationen, Interventionen, Strahlentherapien oder Chemotherapien. Die Indikation dazu ist immer eng zu stellen, denn entscheidend ist die Abwägung von Nutzen-Chance gegen Schaden-Risiko.

In aktuellen Beratungsfall der 72-jährigen Frau wäre z.B. eine Tumorkonferenz, bei der alle zuständigen Spezialisten anwesend sind, ein guter Ort für solche Diskussionen. Mit dem Patienten muss anschließend offen über Nutzen und Schaden sowie den Vorschlag der Konferenz gesprochen werden. Der Patient ist wahrscheinlich in seiner Situation vulnerabel, d.h. der Anspruch an diese Gesprächsführung ist hoch. Das Gespräch sollte ein trainierter und erfahrener Arzt führen.

Zwei lebensbedrohliche Krankheiten

Situation

Bei einer 73-jährigen Frau stellen die Gynäkologen ein undifferenziertes Endometriumkarzinom fest. Es hat sich lokal ausgebreitet, Metastasen wurden nicht gefunden. Bei den präoperativen Untersuchungen sieht man eine Aortenklappenstenose (Öffnungsfläche 0,9 bis 1 cm^2) und eine koronare Herzkrankheit. Anamnestisch gibt die Patientin daraufhin Luftnot und Thoraxschmerzen beim Treppensteigen an, was sie aber nicht ernst genommen habe. Die Anästhesisten lehnen die geplante Tumoroperation wegen erhöhten Narkoserisikos ab. Erst solle die kardiale Situation bereinigt werden.

Die Patientin erhält in den nächsten Tagen von den Herzchirurgen eine Kunstklappe und einen aortokoronaren Venenbypass. Der Eingriff verläuft komplikationslos, sie wird nach sieben Tagen in gutem Zustand in eine Reha-Klinik verlegt. Schon am zweiten Tag fühlt sie sich dort zunehmend schlapper und bekommt Fieber. Es dauert fünf Tage, bis die Diagnose Urosepsis gestellt wird. Man verlegt sie zurück ins Klinikum. Glücklicherweise hat die künstliche Aortenklappe durch die Sepsis keinen Schaden genommen. Unter adäquater Antibiotikatherapie klingt die Infektion rasch ab. Allerdings ist die Patientin nun sehr geschwächt, sie ist kaum bis zum Sitzen zu mobilisieren und kann kaum essen. Sie hofft, dass die erneute Reha eine deutliche Verbesserung bringt. Sie fürchtet sich vor der gynäkologischen Operation.

Die Gynäkologen drängen auf eine baldige Tumoroperation. Wahrscheinlich soll anschließend eine adjuvante Strahlentherapie folgen. Die Prognose liege damit bei etwa 50% 5-Jahres-Überleben. Wenn wegen der Verzögerungen der Tumor in die Umgebung einwachse, könne man den Tumor operativ verkleinern und nachbestrahlen, es sei aber nur noch mit etwa 25% 5-Jahres-Überleben rechnen. Wenn man nur bestrahle, um das Einwachsen in die Umgebung zu reduzieren, werde die Patientin sicher keine 5 Jahre überleben.

Analyse

Prinzipien: Die Patientin ist autonom und zustimmungsfähig. Sie hat Bedenken sich operieren zu lassen, weil sie sich zu schwach dafür fühlt. Ihre Willensbildung ist aber noch nicht abgeschlossen; zumindest lehnt sie den Eingriff nicht explizit ab. Aus medizinischer Sicht besteht eine Operations-Indikation, denn der Tumor könnte sich ausbreiten oder metastasieren. Es fehlt jedoch eine sichere Aussage zur Dringlichkeit: Wäre es möglich, zunächst den Effekt der Reha-Maßnahme abzuwarten? Bestehen bleibt das Problem der Nutzen-Schaden-Abwägung. Der Nutzen einer Tumorbeseitigung mit adjuvanter Strahlentherapie ist offensichtlich: geschätztes 5-Jahresüberleben 50%. Allerdings bezieht sich diese Schätzung auf Menschen mit gutem präoperativem Allgemeinzustand; kränkere Patienten hätte man in die klinischen Studien nicht eingeschlossen. Der Schaden dieser Tumortherapie kann darin bestehen, dass sie wegen unerwünschter Wirkungen abgebrochen werden muss. Dann ist der Nutzen, das o.g.

gute Langzeitüberleben nie zu erreichen. Der Schaden hat allerdings stattgefunden und man muss diskutieren ob es bleibende Schäden geben wird. Aus ethischer Sicht liegt kein Gerechtigkeitsproblem vor.

Care-Ethik: Die Patientin ist unentschlossen und neigt dazu, zunächst den Effekt der Reha-Maßnahme abzuwarten. Man sollte sie und ihre Angehörigen bei der Willensbildung unterstützen, ohne sie zu drängen. Dann erfährt man hoffentlich, was der Patientin tatsächlich wichtig ist. Pflegerische und medizinische Kompetenz ist vorhanden. Die verschiedenen Meinungen, die auf sie eindringen, verunsichern aber die Patienten erheblich: Sie kann sich so nicht entscheiden.

Abwägung

Das Ethikkomitee fragt zunächst nach dem Kräfte- und Allgemeinzustand. Ein Anästhesist und ein Internist haben die Patientin kürzlich untersucht. Beide halten sie für zu schwach, um die gynäkologische Operation zu überstehen, von der darauf folgenden Strahlentherapie ganz zu schweigen. Daran schließt sich die Frage nach der operativen Dringlichkeit an. Wie lange man bis zur kurativen Operation warten, d.h. auf den Effekt der Reha-Maßnahme hoffen kann, ist von den Gynäkologen nicht sicher zu beantworten. Die allgemeine Meinung sei aber, nicht zu zögern. Das Ethikkomitee drängt nun (1) auf eine gemeinsame onkologische Empfehlung, weil die Patienten unter der Vielfalt der Informationen nicht zu einer eigenen Meinung kommen könne. Außerdem solle sie (2) einen ärztlich verantwortlichen Ansprechpartner bekommen. Das Ethikkomitee empfiehlt, (3) der Patientin Zeit zu geben und die Psychoonkologie und/oder die

Krankenhausseelsorge einzuschalten, um zu erfahren, was ihr in ihrer Situation wirklich wichtig ist.

Ergebnis

Diese Empfehlungen werden (vielleicht etwas widerstrebend) angenommen. In der nächsten zuständigen Tumorkonferenz wird der Fall erneut besprochen und wegen des schlechten Kräftezustands die Reha-Maßnahme empfohlen. Eine gynäkologische Oberärztin übernimmt die Kommunikation mit Patientin und Angehörigen, die keineswegs alle einer Meinung sind. Die Patientin wünschte sich einen Seelsorger, der mehrfach mit ihr sprach: Sie will nicht an der Behandlung sterben. Wichtig sei ihr nicht das bloße Überleben, sondern eine erträgliche Lebensqualität und der Kontakt zu Familie und Freunden.

Verlauf

Die Patientin absolvierte ihre Reha-Maßnahme und kam nach vier Wochen gestärkt zurück. Bei der erneuten Aufklärung über die kurative Operation mit Strahlentherapie lehnt sie diese ab: Sie will ihren relativ guten Zustand genießen und wenn es erforderlich wird, eine palliative Behandlung.

Prostata-Karzinom

Situation

Ein 64-jähriger Mann kommt in die Sprechstunde. Er leidet an einem fortgeschrittenen Prostata-Karzinom mit multiplen Skelett-, Lungen-, Pleura-, Leber- und Hirnmetastasen. Er ist sehr schwach und abgemagert. Seine Ehefrau und eine Tochter begleiten ihn. Man soll sich um die Thoraxschmerzen kümmern, die beim Gähnen, Niesen und Husten die laufende Schmerztherapie überfordern.

Er hat schon alle Therapieformen der Tumorkrankheit hinter sich. Es kam im Laufe von nun sechs Jahren immer wieder zu einer vorübergehenden Stabilisierung des Zustandes, nie zu einer völligen Remission. Bisphosphonate konnten die Knochenmetastasierung nicht aufhalten. Zur Zeit läuft noch eine fraglich erfolgreiche anti-androgene Hormontherapie; man wagt nicht, sie abzusetzen. Für eine neue, molekular-zielgerichtete Therapie konnte der erforderliche Mutations-Nachweis nicht erbracht werden. Zur Zeit wird eine palliative Chemotherapie durchgeführt, was das Fortschreiten der Krankheit abzubremsen scheint. Gegen die Thoraxschmerzen hilft keine dieser Maßnahmen.

Der Patient weiß über die Erkrankung gut Bescheid und sieht seinem Lebensende gefasst entgegen. Seine Tochter sagt, sie spreche auch für die beiden abwesenden Söhne: Man könne ihn doch nicht so einfach hinsiechen lassen. Die Ehefrau ist hin- und hergerissen, was weitere Therapien betrifft. Der Patient findet alles Weitere zu anstrengend. Man solle ihm bloß die Schmerzen nehmen und ihn ansonsten in Ruhe lassen.

Die mitgebrachten Befunde und Bilder zeigen multiple Rippenmetastasen und eine bruchgefährdete Brustwirbel-Metastase. Die Schmerzen sind durch diese Bildgebung erklärlich.

Analyse

Prinzipien: Der Patient ist entscheidungs- und zustimmungsfähig, er ist autonom. Er weiß, was für ihn jetzt wichtig und gut ist. Es geht ihm um eine ordentliche palliative Behandlung, deshalb hat er die Klinik aufgesucht. Es ist mit ihm zusammen abzuwägen, welchen symptomlindernden Nutzen eine Behandlung hat, bei möglichst geringem Schaden. Er will möglichst wach bleiben und nicht medikamenten-induziert dauernd schlafen. Man sieht kein Gerechtigkeitsproblem.

Care-Ethik: Es geht um den Willen des Patienten, den man in einem eingehenden Gespräch erfahren kann. Tatsächlich wichtig ist für ihn die effektive Schmerzlinderung. Man organisiert (teils telephonische) Konsile mit den kompetenten Spezialisten (Strahlentherapie, Nuklearmedizin, Schmerzambulanz der Anästhesie, Onkologie). Der Patient will so lange in der Ambulanz warten.

Abwägung

Dieser Patient ist autonom und kann für sich selbst entscheiden. Man verfährt nach seinem Willen, da entsprechende palliative Indikationen der Schmerzbehandlung bestehen. Kontakt zur Spezialisierten Ambulanten Palliativversorgung (SAPV) soll hergestellt werden. Da die nächste Tumorkonferenz erst in fünf Tagen stattfindet und man den schmerzgeplagten Patienten nicht so lange warten lassen kann, müssen Therapieplan und die Behandlungstermine heute noch festgelegt werden. Ein Facharzt wird als für den Patienten zuständiger Arzt benannt.

Ergebnis

Die Konsile ergeben, dass man die medikamentöse Schmerztherapie modifizieren und effektiver machen kann. Der Schmerztherapeut erreicht noch gegen Mittag eine effektivere Analgesie. Der Onkologe hält eine Fortführung der Chemotherapie-Infusionen für sinnvoll. Der Strahlentherapeut empfiehlt eine Schmerzbestrahlung der betroffenen Körperstellen. Die Strahlentherapie kann aber erst in zwei Tagen einen ambulanten Termin anbieten. Der Patient ist damit einverstanden. Er will auch die Mithilfe der SAPV in Anspruch nehmen.

Die Wünsche der Familie sind zu diffus: Dahinsiechen lassen ist ein massiver Vorwurf. Man versteht andererseits die Belastung der Angehörigen, die dem körperlichen Verfall zusehen müssen und mit der Endlichkeit des Lebens hart konfrontiert sind. Man spricht im Lauf des ambulanten Aufenthalts mehrfach mit Ehefrau und Tochter. Da der Patient wach bleiben will, steht eine palliative Sedierung nicht zur Diskussion, außerdem besteht keine medizinische Indikation dafür. Eine aktive Sterbehilfe ist verboten. Man bittet um Geduld, bis der Effekt der Schmerzbestrahlung innerhalb weniger Tage eintritt. Ausdrücklich wird die sinnvolle Zusammenarbeit mit der örtlich zuständigen SAPV empfohlen.

Zuletzt informierte man die Hausärztin, die sich deutlich entlastet fühlte. Sie kennt die SAPV schon. Sie wünscht sich einen festen Ansprechpartner in der Ambulanz, der koordiniert und regelmäßig berichtet.

Schnapspralinen

Situation

Eine 89-jährige, untergewichtige, polymorbide Frau (176 cm, 48 kg) wird mit Pneumonie aus dem Pflegeheim ins Klinikum verlegt. Sie ist zu diesem Zeitpunkt somnolent aber atmungs- und kreislaufstabil. Diabetes mellitus II, arterielle Hypertonie, Herzinsuffizienz (NYHA III), Niereninsuffizienz (Grad 3) sind aus der Anamnese bekannt. Unter i.v.-Antibiotika bessert sich die Pneumonie im Verlauf der ersten Woche. Die Patientin wird wacher. Allerdings lässt sich die Patientin nicht füttern, sie wird deshalb intravenös ernährt. Immer wieder kommt es zur zeitweiligen Desorientiertheit. Auf Nachfrage bestand diese auch schon im Pflegeheim, dies wird von den beiden Töchtern bestätigt. Der psychiatrische Konsiliararzt wird hinzugezogen; er hält die Patientin aber für »noch einwilligungsfähig« und sieht auch keine Depression.

Die Entlassung steht an und der Hausarzt der Patientin schlägt vor, zur Verbesserung der Ernährungssituation eine PEG[47] anzulegen. Im Gespräch lehnt die Patientin in ihren wachen Augenblicken alle weiteren medizinischen Eingriffe strikt ab und will möglichst »heute noch heim«. Sie habe sich schon im Pflegeheim nicht mehr füttern lassen, weil sie »überhaupt nicht mehr leben« wolle. Sie

47 Perkutane endoskopische Gastrostomie.

nimmt aber immer wieder Schnapspralinen und täglich ¼ l Weißwein zu sich.

Die beiden Töchter sind von der Situation völlig überfordert. Allerdings bringen sie nun eine Patientenverfügung (die auch dem Pflegeheim vorliegen soll). In dieser wird auf die vielen bestehenden Erkrankungen eingegangen (Diabetes, Hypertonie, Herzinsuffizienz, Niereninsuffizienz), es werden lebensverlängernde Medikamente, künstliche Ernährung, Dialyse, Herzschrittmacher und Beatmung ausdrücklich abgelehnt.

Zur Ethikberatung treffen sich zwei Klinische Ethikberater, die leitende Pflegekraft und eine Stationsärztin. Es geht (a) um die Frage der PEG-Anlage und (b) das moralische Problem des Suizids durch den Nahrungs- und Flüssigkeits-Verzicht. Mit den Töchtern muss anschließend gesprochen werden.

Analyse

Prinzipien: Nachdem sie die pneumoniebedingte Schläfrigkeit überwunden hat, ist die Patientin entscheidungs- und zustimmungsfähig. Was kann man ihr Gutes tun? Die Patientin will nicht mehr essen und kaum noch trinken. Sie hat sich zu diesem freiwilligen Verzicht auf Nahrung und Flüssigkeit [FVNF] entschieden, weil sie »überhaupt nicht mehr leben« will. Das muss man respektieren. Wenn die Patientin sich entschieden hat zu sterben, sind alle lebenserhaltenden Maßnahmen als Schaden einzustufen. Künstliche Ernährung fiele darunter. Auch wenn es schwer fallen sollte: Jeder Mensch hat das Recht, nicht zu essen und nicht zu trinken.

Care-Ethik: Das Team war aufmerksam und hat mit der Patientin längere Gespräche geführt. Sie selbst trägt die Verantwortung für Ihre Entscheidung zum FVNF. Bei der Arbeit an und mit der Patientin gibt es kein Kompetenzproblem im Team. Sie nimmt die Hilfen gerne an, erwartet aber, dass ihre Entscheidungen respektiert werden. Sie will umgehend ins Pflegeheim zurückverlegt werden.

Abwägung

Die als mental eingeschränkt angekündigte Patientin ist nach Behandlung ihrer Lungenentzündung überraschend autonom und entscheidungsfähig. Folgerichtig kommt die gültige Patientenverfügung nicht zum Einsatz. Sie hat sich bewusst entschieden, ihr Leben zu beenden. Nachdem eine Zwangsernährung weder juristisch noch ethisch in Betracht kommt, respektiert man ihren FVNF.[48] Außerdem gibt es keine medizinische Indikation für die Ernährung über PEG, weil die Patientin ja schlucken kann, wenn sie will.

Warum sie, die ja sterben will, zur Behandlung der Pneumonie in die Notaufnahme kam, ist nicht mehr sicher zu eruieren. Womöglich war sie durch die Lungeninfektion nicht mehr ansprechbar. Der gerufene Notarzt muss dann, wenn keine schriftliche Willensäußerung dies ausdrücklich verbietet, die Patientin transportfähig machen und ins Krankenhaus mitnehmen.

---

[48] https://www.dgpalliativmedizin.de/phocadownload/ stellungnahmen/DGP_Positionspapier_Freiwilliger_Verzicht_auf_Essen_und_Trinken%20.pdf

Ergebnis

(a) Alle Beteiligten verstehen, dass es keinen guten medizinischen Grund für die PEG-Anlage gibt. Außerdem steht der autonome Wille der Patientin dagegen. Es kann also keine künstliche Ernährung geben. (b) Ob ein Suizid durch FVNF ein moralisches Problem darstellt, hängt von der individuellen Weltanschauung ab. Sicherlich gibt es in verschiedenen Religionen verschiedene Ansichten dazu. Dazu darf auch jeder Mitarbeiter seine eigene Haltung haben. In einem weltanschaulich neutralen Klinikum hat man sich an die gesetzlichen Regelungen und an Gerichtsurteile zu halten.[49]

---

[49] Siehe Bundesverfassungsgericht 2020; Suizid bleibt straffrei: www.bundesverfassungsgericht.de/SharedDocs/Pressemitteilungen/DE/2020/bvg20-012.html

Palliative Sedierung

Situation

Ein 77-jähriger Mann wird aus einer auswärtigen Klinik übernommen. Er wurde auf Wunsch der Angehörigen heimatnah verlegt. Vor vier Wochen erlitt er im Urlaub einen ischämischen Apoplex und wurde innerhalb kurzer Zeit bewusstlos. Er wurde primär auf einer *Stroke Unit* (Schlaganfall-Station) versorgt. Dort wurde eine Revaskularisierung (Wiedereröffnung) des Hirngefäßes versucht, die leider nicht erfolgreich war. Er blieb bewusstlos und tetraplegisch (gelähmt an Armen und Beinen). Die Ärzte stellten eine infauste (ungünstige) Prognose und leiteten eine palliative Versorgung ein.

Bei Übernahme läuft eine intravenöse Sedierung (Midazolam und Morphin). Der Patient schläft und ist nicht weckbar. Blutdruck und Sauerstoffsättigung liegen im unteren Normbereich. In den medizinischen Unterlagen wird vergebens nach einer Indikation für die laufende Sedierung gesucht. Telephonisch erfährt man nur, dass eine palliative Sedierung begonnen wurde. Eine Indikation erfährt man telephonisch nicht.

Die Dosis der Sedierung wird nun reduziert und der Patient reagiert auf Geräusche: Die Herzfrequenz steigt. Kurz darauf öffnet er die Augen und blickt zunächst ins Leere. Die Sedierung wird abgestellt. Am nächsten Morgen fixiert er die Pflegenden, wenn sie mit ihm sprechen. Er bleibt tetraplegisch und wird vom Physiotherapeuten passiv bewegt. Es gibt keine Hinweise auf Schmerzen, Atemnot oder Unruhe.

Gegen Nachmittag kommen zwei Söhne mit ihren Ehefrauen und besuchen den Kranken. Im Gespräch mit dem Oberarzt wird deutlich, dass sie davon ausgegangen sind, die Sedierung werde bis zum baldigen Tod fortgeführt. So hatten sie zusammen mit dem Arzt der auswärtigen Stroke Unit die Patientenverfügung verstanden (drei Söhne sind als Patientenvertreter gleichberechtigt benannt). Nun liegt der Patient nicht im Sterben und bei fehlenden Symptomen gibt es keine Indikation für eine palliative Sedierung.

Analyse

Prinzipien: Der Patient ist nicht mehr autonom, er braucht also einen (oder wie hier, mehrere) Patientenvertreter. Die (aktuell bei der Ethikberatung nicht vorliegende) Patientenverfügung muss mit ihm (oder ihnen) erneut diskutiert werden, denn der Patient liegt nicht im Sterben. Die ethisch wichtige Frage ist, was ihm in seinem aktuellen Zustand noch Gutes getan werden kann. Nachdem man keine rechtfertigende Symptomatik findet, muss die palliative Sedierung abgesetzt werden. Die aktuellen Befunde lassen für die Zukunft eine weitgehende Pflegebedürftigkeit vermuten. Die auswärtigen Gehirn-CT-Aufnahmen sollten die Prognose besser abschätzen lassen. Ein Gerechtigkeitsproblem sieht man nicht.

Abwägung

Um die Kommunikation zu erleichtern, sollen die drei Söhne einen Sprecher benennen. Mit ihm wird in Zukunft alles besprochen. Nachdem sich der Zustand des Patienten zumindest (auf niedrigem Niveau) stabilisiert, die Pflege spricht von »eher leicht gebessert« hat, achtet man auf Hinweise für seinen natürlichen Willen. Eine Indikation zur eine palliativen Sedierung besteht nicht. Zu fragen bleibt, ob der Patient künstlich ernährt werden soll. Darüber kann vielleicht die Patientenverfügung Auskunft geben. Wir hatten schon mit Physiotherapie begonnen und führen diese fort. Für die Situation im Krankenhaus sieht man kein Kompetenzproblem. Falls die Krankheit stabil bleibt, wird der Patient entlassen werden müssen. Ein kompetentes Pflegeheim ist zu suchen, falls die Familie dies nicht selbst übernimmt.

Ergebnis

Es wurde eine Aufgabenliste für das Krankenhaus und für die Familie des Patienten zusammengestellt: Organisation der Hirn-CT-Bilder; Analyse der Patientenverfügung; feste tägliche Gesprächstermine; Beobachtung von Hinweisen auf einen natürlichen Willen; Physiotherapie mit dem Versuch einer Mobilisierung; zunächst Fortführung der i.v.-Ernährung; Suche nach einem geeigneten Pflegeheim als Absicherung für die Familie.

Innerhalb der Familie gibt es offensichtlich reichlich Diskussionsbedarf. Bei den Gesprächen in der auswärtigen *Stroke Unit* war bei ihnen die Meinung entstanden, dass der Patient nur noch wenige Tage zu leben habe und man ihm das Sterben erleichtern wolle. Nun spricht aktuell nichts dafür, dass bald der Tod eintreten wird, sondern der Patient schwer pflegebedürftig überleben könnte. Und Stimmen aus der Familie fragen nach, ob man das medizinisch nicht hätte verhindern können. Man erklärt ausführlich, warum eine kontinuierliche Sedierung ohne medizinische Indikation als aktive Sterbehilfe verstanden werden kann. Es wäre Tötung auf Verlangen, wenn der Patient (oder sein Vertreter) dies verlangt hätte. Anschließend ist man sich nicht sicher, ob genau dies der Wunsch einiger Familienmitglieder war.

Nachdem sich der Zustand des Patienten vielleicht doch »eher leicht gebessert« hat, vereinbart man eine zweite Ethikberatung in einer Woche und hofft, dass die o.g. Aufgabenliste abgearbeitet werden konnte.

Zweite Ethikberatung

Die täglichen Gespräche finden mit dem jüngsten Sohn jeweils nach dessen Arbeitszeit statt. Der Zustand des Patienten ist nun stabil, einen natürlichen Willen konnte niemand beobachten. Die Physiotherapie sieht keine Fortschritte und versucht Muskulatur zu erhalten und Kontrakturen zu verhindern. Die Interpretation der CT-Bilder brachte keine neuen Informationen; man sieht den großen Hirnschaden. Die i.v.-Ernährung wurde zunächst fortgeführt, weil der Patientenverfügung keine Ablehnung für die konkrete Situation zu entnehmen war und sich der Patient darunter stabilisiert hatte. Die Umstellung auf eine Sondenernährung steht noch an. Ein Platz in einem geeigneten Pflegeheim wurde nicht gefunden, aber die Familie will den Patienten zu Hause pflegen; dabei wird eine ausländische Pflegeorganisation helfen. Der Hausarzt wird den Patienten betreuen.

SCHLUSSBEMERKUNG

Alle hier beschriebenen klinischen Ethikberatungen zeigen das Ringen um die gute Lösung eines moralischen Konflikts im Sinn des Patienten. Man kann erkennen, wie wichtig dafür die Erfassung der aktuellen Situationen ist. Auch die lokal verfügbaren pflegerischen und ärztlichen Mittel fließen in die Team-Entscheidungen mit ein. Es kommt also nicht allein auf Prinzipienfestigkeit an. Selbstverständlich sollen Gesetze eingehalten und Verordnungen nicht umgangen werden. Da kann juristischer Beistand im Einzelfall durchaus hilfreich sein.

Deshalb sind die hier vorgestellten Ethikbesprechungen auch keine Goldstandards, die von den Lesern blindlings nachgeahmt werden sollen. Allenfalls kann man die Methodik der Beratung erkennen. Die Zusammenfügung der Prinzipienethik mit der Care-Ethik bewährt sich in der Beratungspraxis. Man sollte sie nicht als Konkurrenten ansehen, die gegeneinander ausgespielt werden.

Das wichtigste Ziel bleibt immer das Patientenwohl. Als das zweitwichtigste sehe ich die Verminderung des moralischen Stress in den Behandlungsteams. Beides hängt zusammen. Um dies nicht aus den Augen zu verlieren, sollte jedes junge, lernende Ethikkomitee eine Supervision haben. Erfahrene Komitees besprechen jede Beratung retrospektiv untereinander. Alle Mitglieder lernen durch die verschiedenen Blickwinkel eines multiprofessionellen Teams dazu. Man profitiert persönlich sehr von der gemeinsamen Beratungsarbeit. Es sollte regelmäßige Fortbildungen geben, denn die Themen sind im Fluss.

Ethikberatung kostet Geld und das muss einer Klinikleitung wichtig genug sein. Die Vorteile für die Klinik überwiegen die Kosten, falls unbedingt gegengerechnet werden muss. Wenn die Patienten und Angehörigen moralisch ernst genommen werden, wenn sich die Kommunikation verbessert, spricht sich dies bald herum; das Ansehen des Hauses verbessert sich. Wenn der moralische Stress der Mitarbeiter abnimmt, steigt die Zufriedenheit am Arbeitsplatz. Die Stimmung im Personal verbessert sich und die Fluktuation der Mitarbeiter nimmt ab. Allerdings sind dies eher langfristige Effekte und nicht vierteljährlich messbar.